MANGA

Chibi

Titel der Originalausgabe:
Chibi Art Class
A complete course in drawing chibi cuties and beasties
Includes 19 step-by-step tutorials

First published in 2019 by Race Point Publishing, an imprint of The Quarto Group,
142 West 36th Street, 4th Floor, New York, NY 10018, USA.
www.QuartoKnows.com

Project Editor: Erin Canning
Design and Page Layout: Laia Albaladejo
Illustartions: Yoai

Übersetzung: Wiebke Krabbe, Damlos
Produktmanagement: Nicole Mering
Lektorat: Gabriele Betz, Tübingen
Umschlaggestaltung: Eva Grimme
Satz: WS – WerbeService Linke, Karlsruhe

2. Auflage 2022

ISBN 978-3-7724-8399-8
Best.-Nr. 8399

Printed in China

MIX
Papier aus verantwortungsvollen Quellen
FSC www.fsc.org
FSC® C016973

MANGA

Chibi

STEP-BY-STEP

niedliche mangafiguren zeichnen

yoai

Inhalt

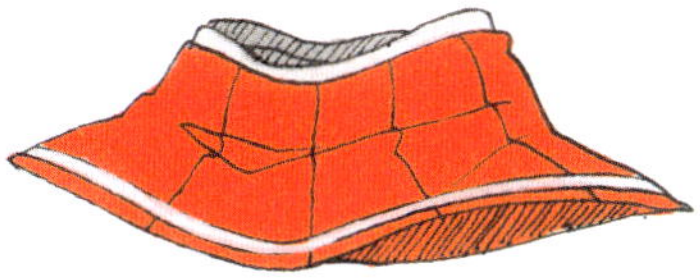

vorwort

hallo!

Ich heiße Anny, aber als Zeichnerin nenne ich mich Yoai. Ich habe als Kind schon gern gemalt und seit 2012 beschäftige ich mich ernsthaft mit dem Zeichnen. Zuerst habe ich Chibis gezeichnet, weil sie mir so gut gefielen und weil sie einfach zu zeichnen sind. Als ich dann anfing, meine Chibis in sozialen Medien wie Instagram und DeviantArt zu posten, habe ich meinen Stil immer weiter verfeinert. Heute zeichne ich außer Chibis auch Anime und meine Arbeiten stelle ich regelmäßig auf meinen Social-Media-Kanälen vor.

was sind chibis?

Chibis sind die Miniaturausgaben der japanischen Manga- und Anime-Figuren. Sie wirken so niedlich (oder auf Japanisch kawaii), weil sie einen sehr großen Kopf und einen winzigen Körper haben. In Anime-Filmen und Manga-Comics tauchen Chibis oft als Nebenfiguren oder „andere Seite" der Hauptcharaktere auf. Gerade in ernsthaften Szenen sorgen sie für eine gewisse Leichtigkeit, und weil sie einen optischen Gegensatz zu den Hauptfiguren bilden, bringen sie etwas Lockeres, Witziges ein.

Führen beispielsweise die Figuren ein ernsthaftes Gespräch und eine von ihnen macht plötzlich einen Witz, können sich die Figuren vorübergehend in Chibis verwandeln. Der Stil der Bilder verdeutlicht also, dass sich der Ton des Gesprächs verändert. Im Lauf der Jahre wurden die Chibis immer weiterentwickelt und inzwischen gibt es viele verschiedene Varianten, etwa im Körperbau, in den Details und auch im Zeichenstil. Im Grunde sind Chibis stilisierte Karikaturen der eigentlichen Anime-Figuren. Gesicht und Anatomie werden stark übertrieben dargestellt, dennoch ist die Figur noch zu erkennen. Die wesentlichen Merkmale von Chibis sind:

- Kleiner Körper und sehr großer Kopf – der Kopf kann sogar größer als der Körper sein.
- Riesige Augen, aber Mund und Nase sind winzig.
- Hände und Füße können wie bei einem Cartoon übertrieben gezeichnet sein.

Über dieses Buch

Du findest in diesem Buch viele Tipps und Tricks zum Zeichnen von Chibis: Körper, Gesicht, Frisuren und Kleidung. Auch das Kolorieren und Schattieren wird erklärt. 19 Schritt-für-Schritt-Anleitungen zeigen genau, wie verschiedene Figuren und Tiere gezeichnet werden, und auf den Galerieseiten findest du weitere Inspirationen. An vorgezeichneten Chibis kannst du das Kolorieren und Schattieren üben. Los geht's!

material

... Fertig. Los!

Für den Anfang brauchst du nicht viele Materialien. Ich stelle einige vor, aber du kannst auch gern andere ausprobieren. Die folgenden Materialien sind in den meisten Bastelgeschäften vorrätig, man kann sie aber auch online bestellen.

Papier

Für Zeichnungen mit vielen Farbschichten und Schattierungen verwende ich gern ein dickes Papier, zum Beispiel Canson Comic und Manga Illustration Bristol.

Wenn ich nur eine Farbschicht auftrage, benutze ich meistens Canson XL Mix Media. Das ist ein Papier mittlerer Stärke, das sich für verschiedene Medien eignet.

markerstifte

Chibis zeichne ich am liebsten mit Markern. Vor allem Marker mit Pinselspitze sind vielseitig und einfach zu handhaben. Für die Beispiele in diesem Buch habe ich lösemittelhaltige Marker (siehe Seite 10) von verschiedenen Herstellern benutzt, von den teuren Copic- und Touchnew-Markern bis zu den preiswerteren BIC Marking (36er Set) und Crayola Signature Blending Markern (16er Set). In den Schritt-für-Schritt-Anleitungen werden jeweils Marker-Typen und Farben vorgeschlagen, du kannst aber auch gern andere verwenden.

Lösemittelhaltig oder lösemittelfrei?

Für die Zeichnungen in diesem Buch habe ich hauptsächlich lösemittelhaltige Marker auf Alkoholbasis verwendet. Du kannst auch mit lösemittelfreien Stiften auf Wasserbasis arbeiten, aber Achtung: Stifte auf Wasserbasis sind ungiftig, auswaschbar und preiswerter, aber das Farbergebnis wirkt anders. Das macht sich besonders bei einfarbigen Flächen und Farbverläufen bemerkbar. Einfarbige Flächen mit lösemittelfreien Stiften werden meist etwas streifig, mit lösemittelhaltigen Stiften fallen sie gleichmäßiger aus. Auch Farbverläufe gelingen mit lösemittelfreien Stiften nicht so schön fließend wie mit lösemittelhaltigen.

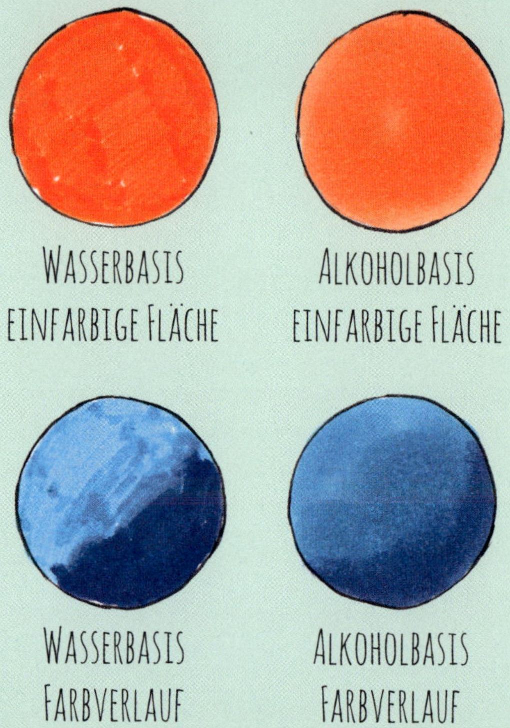

Fineliner

Fineliner benötigst du, um Konturen zu zeichnen. Man kann sie in vielen Farben und Stärken kaufen. Achte darauf, wasserfeste Fineliner zu verwenden, sonst können die Konturlinien später beim Kolorieren mit Markern oder Farbstiften verwischen. Ich zeichne am liebsten mit einem Sakura Pigma Micron 0,1 mm in Schwarz. Möchtest du eine Zeichnung nicht mit Markern oder Farbstiften kolorieren, sondern mit Aquarellfarben, verwende für die Konturen einen Farbstift (normal oder wasserfest). Achtung: Marker und Farbstifte vertragen sich schlecht.

Aquarellfarben

Das Kolorieren mit Aquarellfarben ist etwas schwieriger als mit Markern, weil die Konsistenz und Deckkraft etwas unberechenbar sind. Andererseits kann man mit Wasserfarben jede nur vorstellbare Farbnuance mischen, was mit Markern nicht möglich ist. Ich benutze gern den Sargent Watercolor Art-Time Pan (Kasten mit 8 Farben) und den dazugehörigen Pinsel. Vergiss nicht, den Pinsel immer auszuwaschen und abzutrocknen, bevor du eine neue Farbe aufnimmst.

Radiergummi

Wenn du deine Chibis mit Bleistift vorzeichnest, solltest du zwei Radiergummis zur Hand haben: einen weißen Plastikradiergummi und einen grauen Knet-Radiergummi. Der weiße Radiergummi beseitigt alles, was ihm in die Quere kommt. Der graue Knet-Radiergummi eignet sich besser, um nur einen Teil des Graphits vom Papier abzunehmen, etwa für weiche Schattierungen. Hier siehst du zwei Schraffuren mit einem Kreuz in der Mitte. Der weiße Plastikradierer hat alles ausradiert. Der Knet-Radiergummi hat den schraffierten Hintergrund entfernt, aber nicht das Kreuz.

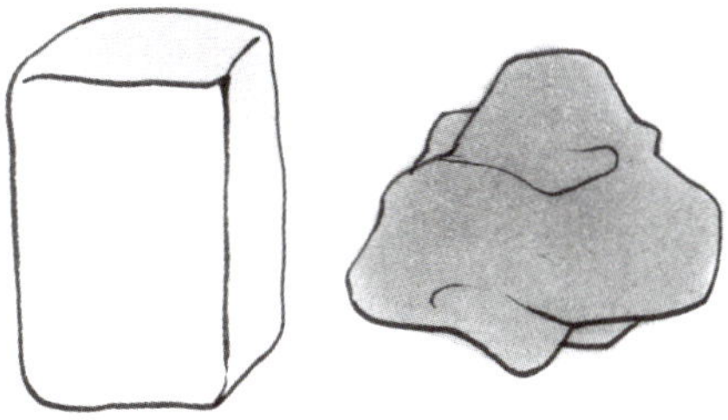

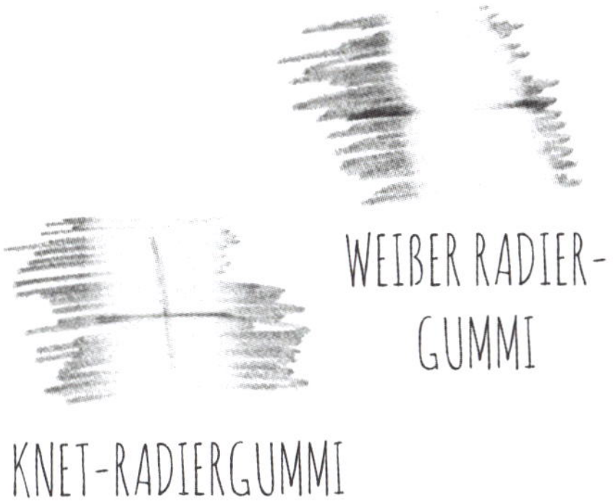

Bleistifte und Farbstifte

Ich empfehle, Chibis immer mit einem Bleistift grob vorzuzeichnen, damit du Fehler leicht ausradieren kannst. Ich nehme dafür einen Bleistift der Stärke HB, dessen Mine weder zu hell noch zu dunkel zeichnet. Farbstifte eignen sich gut zum Kolorieren und für weiche Schattierungen, aber ihre Farben sind recht zart. Soll die Farbe kräftiger sein und gut decken, musst du fester aufdrücken. Mein Favorit sind die Farbstifte von Prismacolor (24-er Set).

Weisser Gelstift

So ein Stift eignet sich hervorragend für Details und Lichtreflexe. Wenn er in einer Zeichnung zu stark deckt, kannst du etwas von der Farbe mit dem Fingernagel abkratzen – aber erst, wenn sie vollständig trocken ist, sonst verwischt sie. Ich verwende gern den Uni-ball Signo-Gelstift.

Weitere Werkzeuge

Anspitzer: Bleistifte müssen spitz sein. Verwende dafür einen Anspitzer in guter Qualität, kein billiges Teil aus Plastik. Dessen Klinge wird mit der Zeit stumpf und kann dann deine Stifte beschädigen. Achte darauf, dass die Klinge immer scharf ist.

Lineal: Du brauchst ein Lineal von mindestens 30 cm Länge. Ein Meterstab ist ungeeignet, denn an den Gelenken bekommen Linien meistens Absätze.

grundlagen

Jetzt geht es zur Sache. Im ersten Teil dieses Buchs erfährst du alles, was du für den Anfang wissen musst. Hier zeige ich dir, wie man Körper, Gesichter, Frisuren, Kleidung, Zubehör und Hintergrund zeichnet. Das Kolorieren und Schattieren wird erklärt, und es gibt einige Schritt-für-Schritt-Anleitungen zum Üben. Solltest du später einmal unsicher sein, kannst du immer wieder in diesem Kapitel nachschlagen.

1

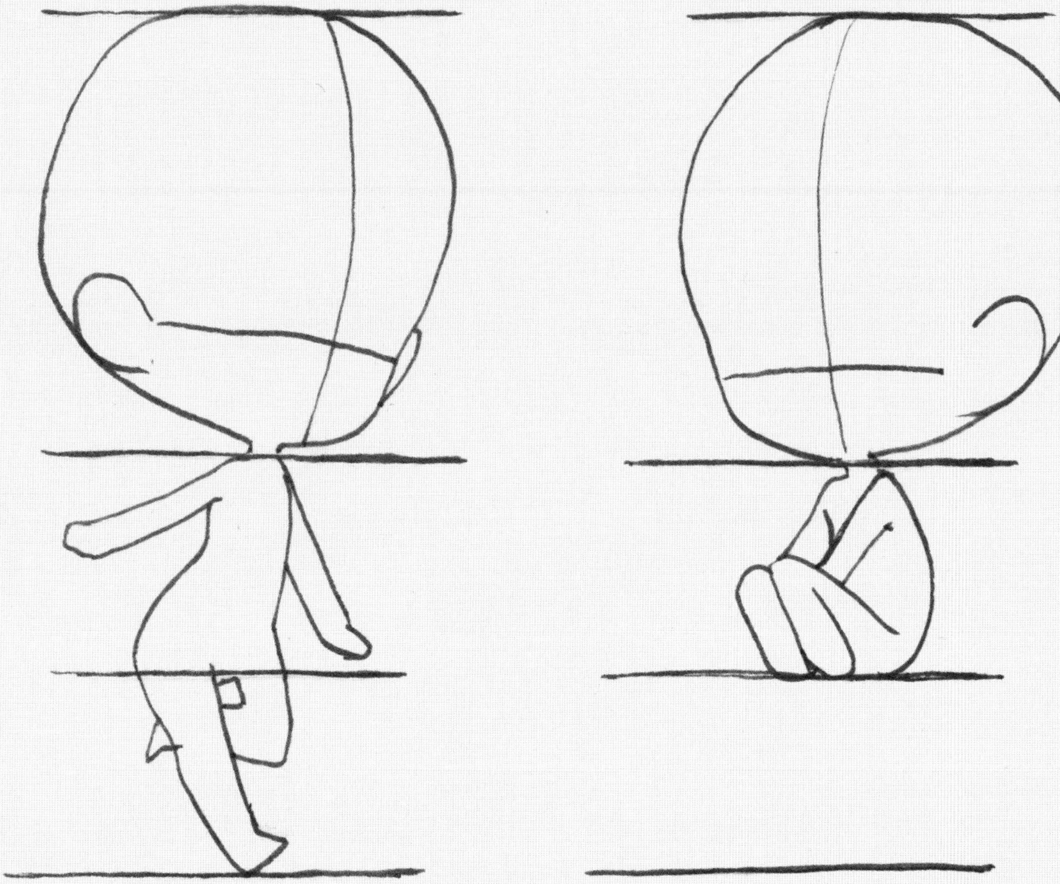

ein Chibi entsteht

Skizziere deine Chibis immer zuerst mit Bleistift, bevor du sie mit Fineliner und Farbe ausarbeitest. Bleistift kann man ausradieren, andere Medien nicht. Jede gelungene Illustration fängt mit der Vorzeichnung an.

Körper

Im Gegensatz zu japanischen Manga- und Anime-Figuren haben Chibis keine realistischen Körperproportionen. Mit ihren großen Köpfen und den kleinen Körpern sehen sie eher aus wie Cartoon-Charaktere. Schauen wir uns zuerst an, wie die Körpertypen und Proportionen gezeichnet werden.

Aufbau der Figuren

Chibi-Körper sind einfach aufgebaut. Sie bestehen normalerweise aus einem großen, ovalen Kopf, einem kleinen, trapezförmigen Rumpf, einfachen Armen und Beinen (mit Händen und Füßen). Der Hals ist dünn, die Ohren werden durch Bögen am Kopf angedeutet. Wenn dir diese Grundform sicher gelingt, kannst du anfangen, mit Proportionen, Körperhaltungen und Details zu experimentieren. Dabei sind der Fantasie keine Grenzen gesetzt.

Proportionen

Ein gute Faustregel für Einsteiger lautet: Der Körper sollte ungefähr so hoch sein wie der Kopf. Der Kopf wird also als Maßeinheit für die restliche Figur verwendet. In diesem Beispiel haben Kopf und Körper die gleiche Höhe, das Chibi ist also zwei Kopfhöhen groß.

Diese zwei Kopfhöhen sind aber keine feste Regel. Das linke Beispiel ist nur eineinhalb Kopfhöhen groß, das rechte ist drei Kopfhöhen groß. Du kannst die Proportionen von Kopf und Körper selbst bestimmen.

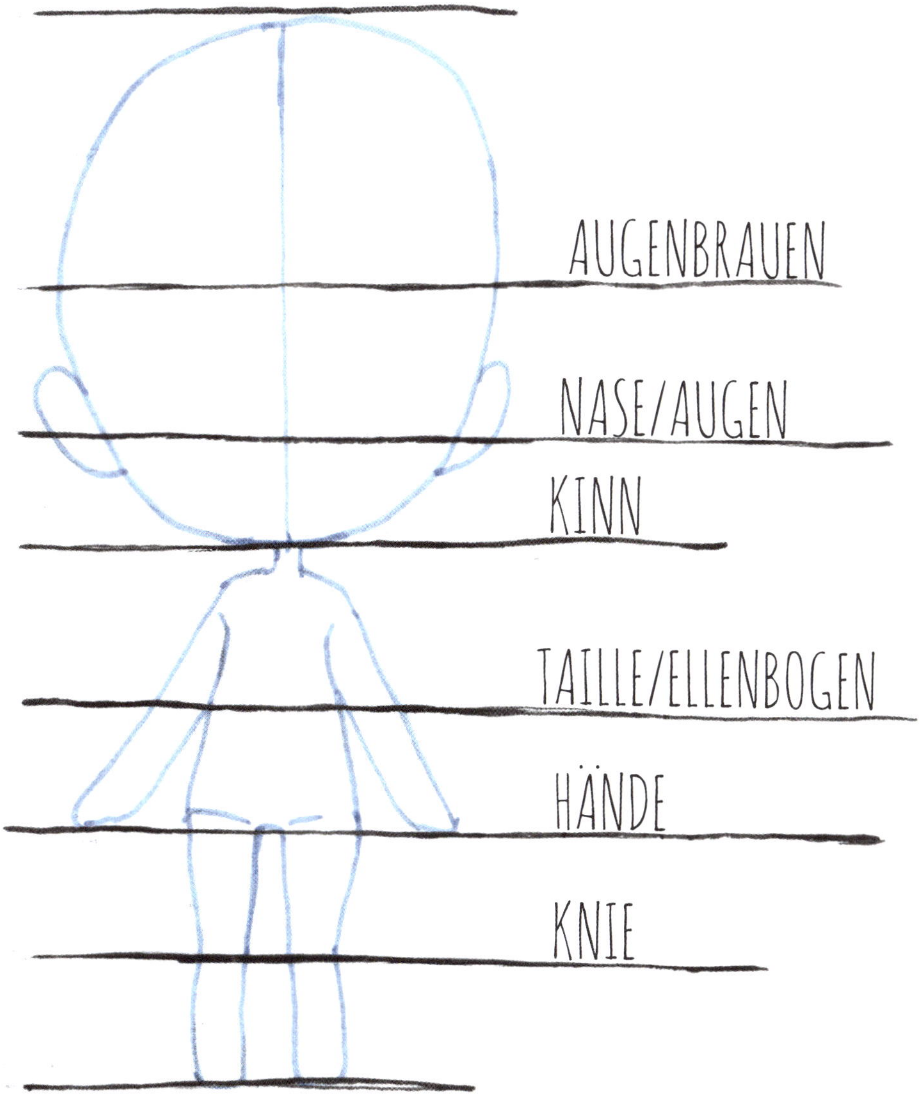

Genauer lassen sich die Körperproportionen mit Hilfslinien zeichnen. Beginne mit den Linien über dem Kopf und unter den Füßen. In der Mitte dazwischen liegt die Linie für das Kinn. Danach kannst du die anderen Hilfslinien einzeichnen. So kannst du sicher sein, dass die Größe der fertigen Figur so ausfällt, wie du sie dir vorgestellt hast.

Dieselben Hilfslinien (siehe Seite 15) kannst du auch für die Proportionen von Chibis in Bewegung verwenden. Hier siehst du einige Beispiele.

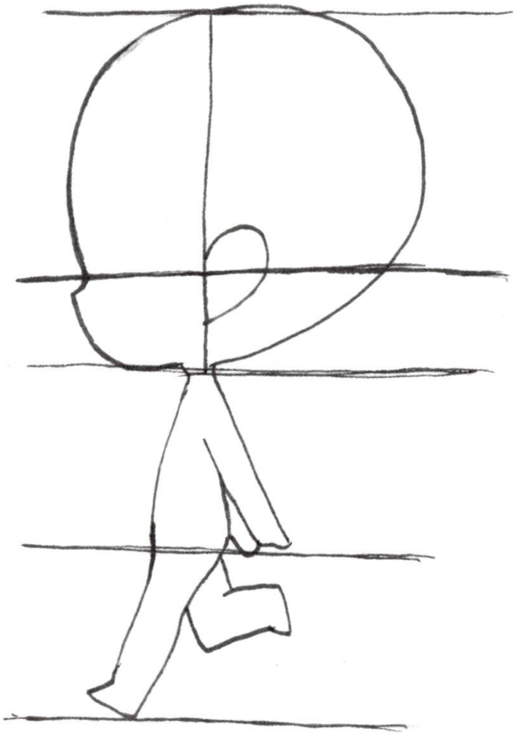

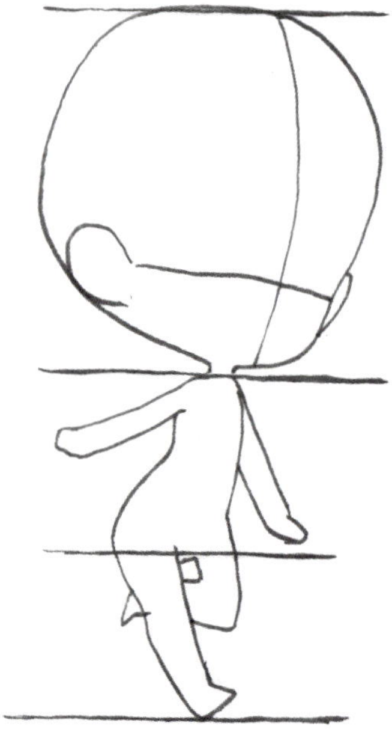

Körperbau

Beim Zeichnen von Rumpf, Armen und Beinen wird der Körperbau-Typ festgelegt. Diese vier Typen zeichne ich am häufigsten:

Dünn: Rumpf und Gliedmaßen dieser Chibis sind schmal. Sie eignen sich gut für lockere oder bauschige Kleidung.

Mittel: Zu Chibis mit einem etwas fülligeren Körper passt jede Art von Kleidung.

Unten breiter: Diese Chibis haben längere, dickere Beine. Perfekt für Kleidung mit mehr Einzelheiten im unteren Bereich und für interessante Schuhe.

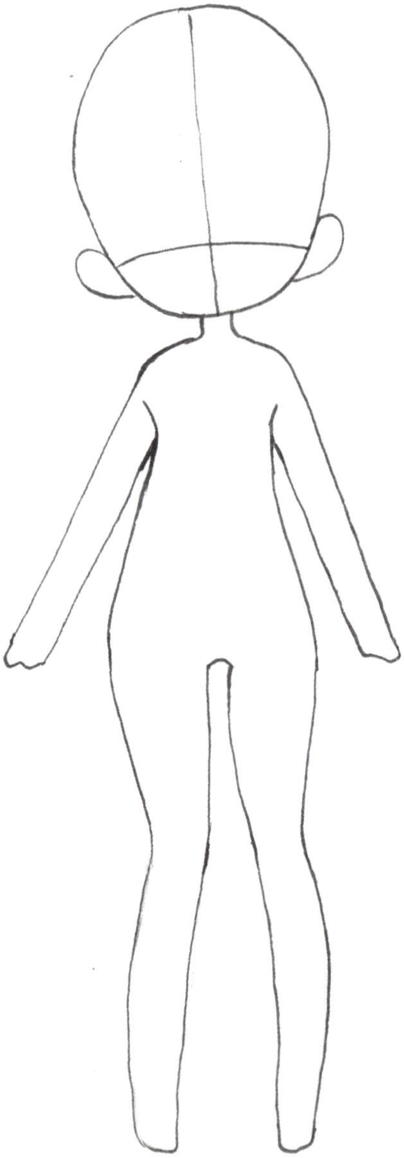

Groß: Chibis mit einem langgezogenen Körperbau eignen sich am besten, um die Details der Kleidung zu betonen.

GESICHT

Das Gesicht einer Chibi-Zeichnung ist der Teil, der am stärksten ins Auge fällt. Auf den folgenden Seiten geht es um die richtige Platzierung der Gesichtsdetails und um den Gesichtsausdruck.

Positionen und Proportionen

Hilfslinien sind nicht nur für den Körper nützlich (siehe Seite 15), sondern auch für das Gesicht. Hier legst du fest, wo Haaransatz, Augenbrauen, Unterlid und Nase, Mund und Kinn gezeichnet werden. Am besten skizzierst du die Hilfslinien von außen nach innen.

Hilfreich ist auch eine senkrechte Mittellinie, um die Position der Nase festzulegen. Wenn die Figur den Kopf nach rechts oder links dreht, verschiebt sich auch diese Mittellinie. Sie liegt in der Mitte des Gesichts, nicht in der Mitte der Zeichnung.

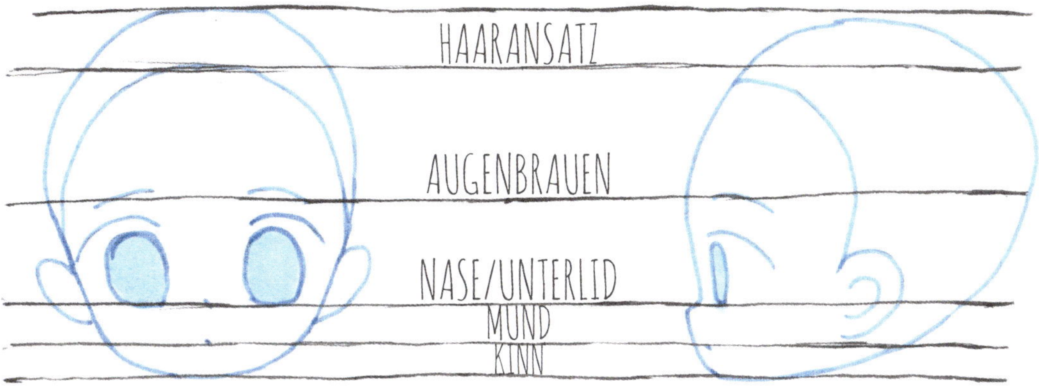

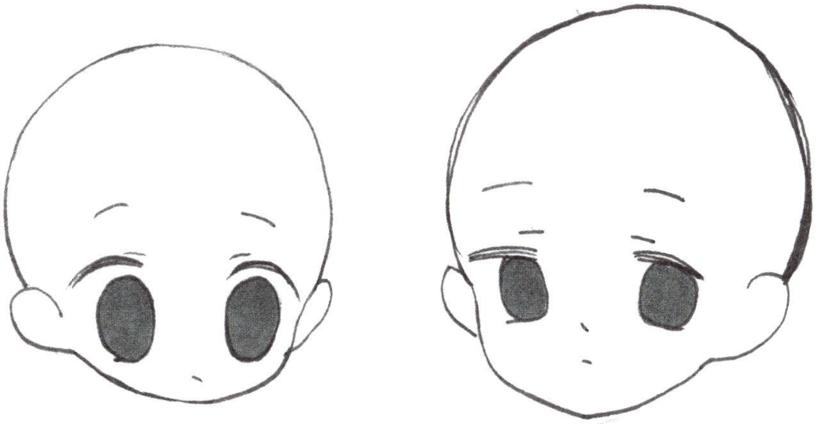
JÜNGER ÄLTER

Durch die Position der Gesichtsmerkmale lässt sich das Alter einer Figur darstellen. Liegen sie dicht beieinander im unteren Teil des Gesichts, erscheint die Figur jünger. Liegen sie dagegen höher und in größeren Abständen, wirkt die Figur älter. Je größer die Augen sind, umso jünger wirkt die Figur.

Augen

Die Augen sind besonders wichtig für den Gesichtsausdruck, aber nicht ganz einfach zu zeichnen. Merke dir die Regel, dass die Breite eines Auges dem Abstand zwischen den Augen entspricht. Schaut die Figur geradeaus, sind beide Augen gleich groß. Ist ihr Kopf zur Seite gedreht, ist die Iris des abgewandten Auges etwa halb so breit wie die des vorderen. Je weiter der Kopf gedreht ist, desto schmaler musst du die abgewandte Iris zeichnen. Viele Beispiele für interessante Augen findest du auf Seite 126.

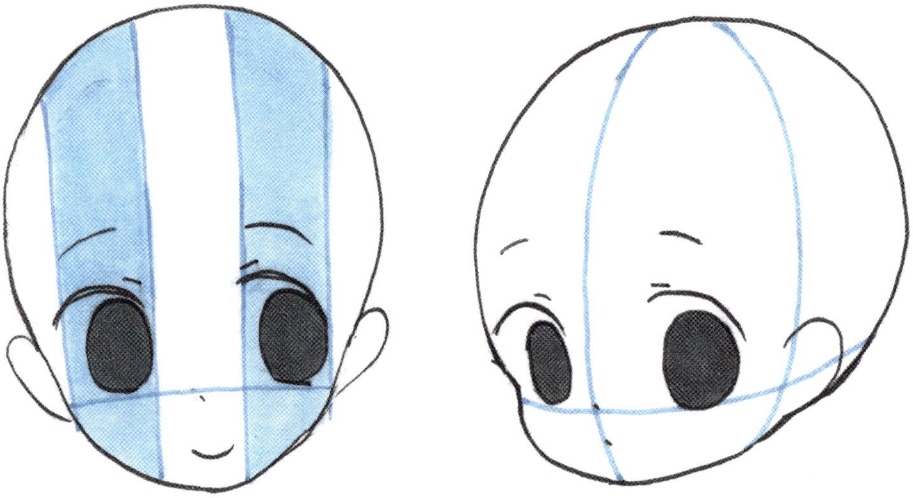

GERADEAUS

KOPF LEICHT GEDREHT

Auch der Blickwinkel beeinflusst die Form der Augen. Sieht man die Figur von vorn, verändert sich die Iris nicht sonderlich. Sieht man sie von schräg unten, sitzt die Iris tiefer und über ihr ist der weiße Augapfel zu sehen. Das Gegenteil gilt für einen Blickwinkel von schräg oben.

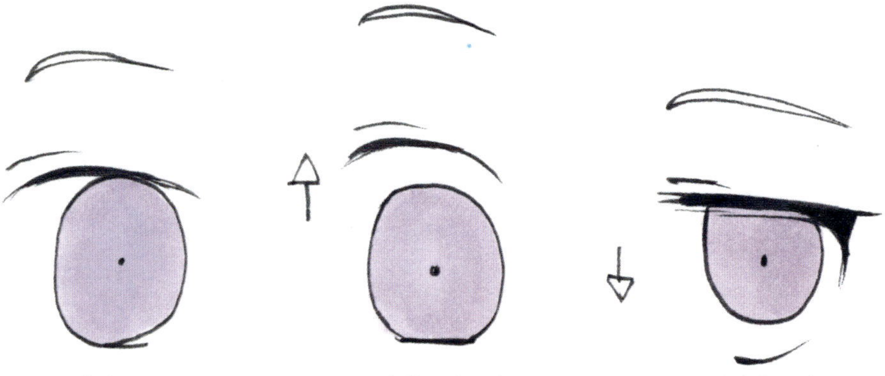

GERADE

VON UNTEN

VON OBEN

Augen bestehen aus mehreren Elementen, und es gibt viele Möglichkeiten, sie zu zeichnen. Bei japanischen Anime- und Manga-Figuren sehen die Augen relativ realistisch aus, allerdings werden Teile übertrieben oder weggelassen. Hier siehst du ein (einigermaßen) realistisches Auge und ein Anime-Auge im Vergleich. Der Hauptunterschied ist die Iris: Beim Anime-Auge ist sie riesig. Das ganze Auge ist schmal und hoch, Augenwinkel und Tränenkanälchen sind nicht zu sehen. Die Wimpern sind als dicker Strich dargestellt, die Augenbraue ist vereinfacht. Der Abstand zwischen Augenbraue und Augenlid ist recht groß.

glanz

In jedes Auge wird von Anfang an mindestens ein großes Glanzlicht eingezeichnet, denn daran erkennt man, wo sich die Lichtquelle befindet. Nach dem Kolorieren können kleinere »kosmetische« Glanzlichter mit einem weißen Gelstift eingefügt werden.

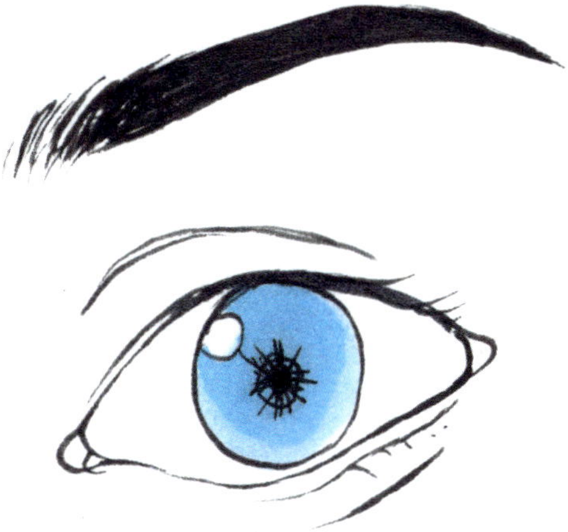

REALISTISCH

ANIME

Auch zwischen Anime- und Chibi-Augen gibt es einige Unterschiede. Chibi-Augen sind normalerweise höher und haben eine größere Iris. Die Augenbrauen sind oft nur angedeutet. Dadurch sieht das Gesicht besonders niedlich aus.

ANIME

CHIBI

Das Augenlid kann unterschiedlich geformt sein und das Auge mehr oder weniger stark verdecken. Auch das hat Einfluss auf den Gesichtsausdruck. Die Lidfalte wird oberhalb der Wimpernlinie eingezeichnet. Sie kann sich über die ganze Augenbreite erstrecken oder erst in der inneren Ecke der Wimpernlinie beginnen. Halb geöffnete Augen sehen realistischer aus, wenn man die Falte nur zart andeutet. Die Pfeile in diesen drei Beispielen zeigen, in welcher Richtung die Wimpernlinie gezeichnet wird.

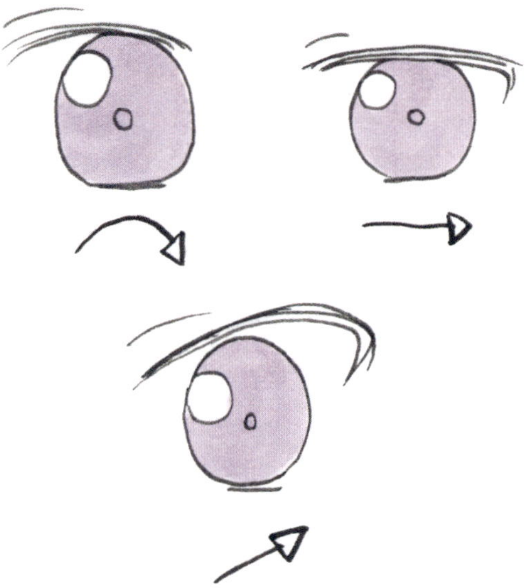

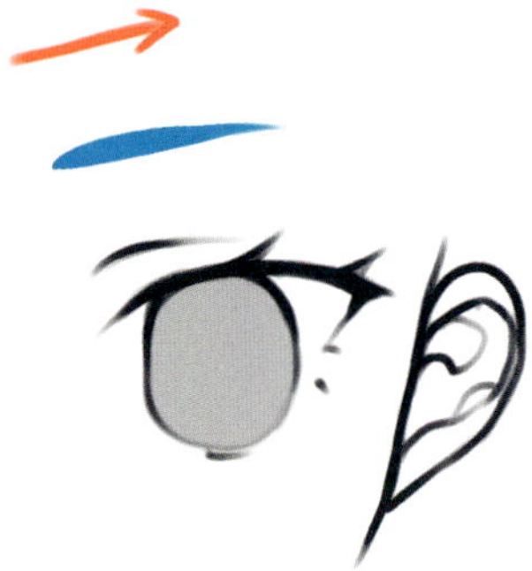

Augenbrauen werden immer vom inneren Augenwinkel über der Nase in Richtung Ohren gezeichnet. Hier sind verschiedene Augenbrauenformen abgebildet.

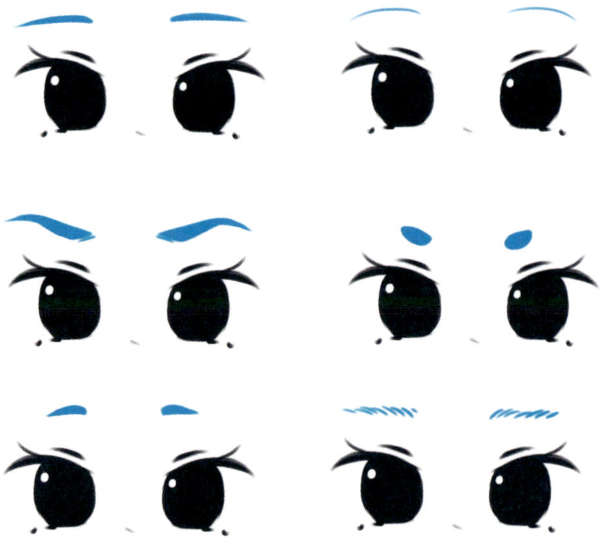

Für Augen im Profil gelten dieselben Regeln, allerdings ist die Vorderseite der Iris gerade, Ober- und Unterlid sind gekrümmt.

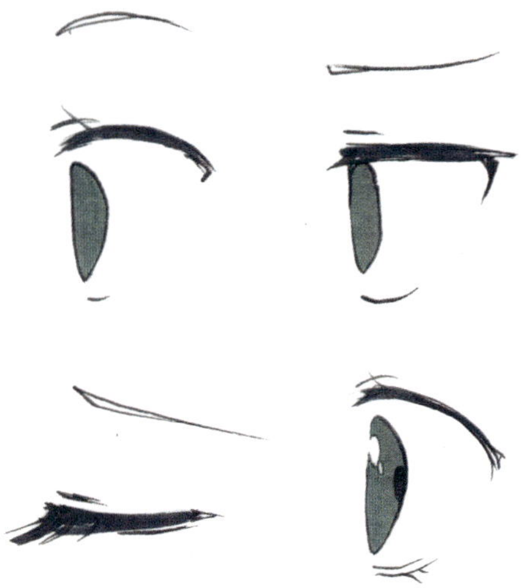

Wie vielfältig Augen dargestellt werden können, zeigen diese Beispiele. Übe zuerst, sie einzeln zu zeichnen. Dann kannst du sie in deine eigenen Chibi-Gesichter einfügen.

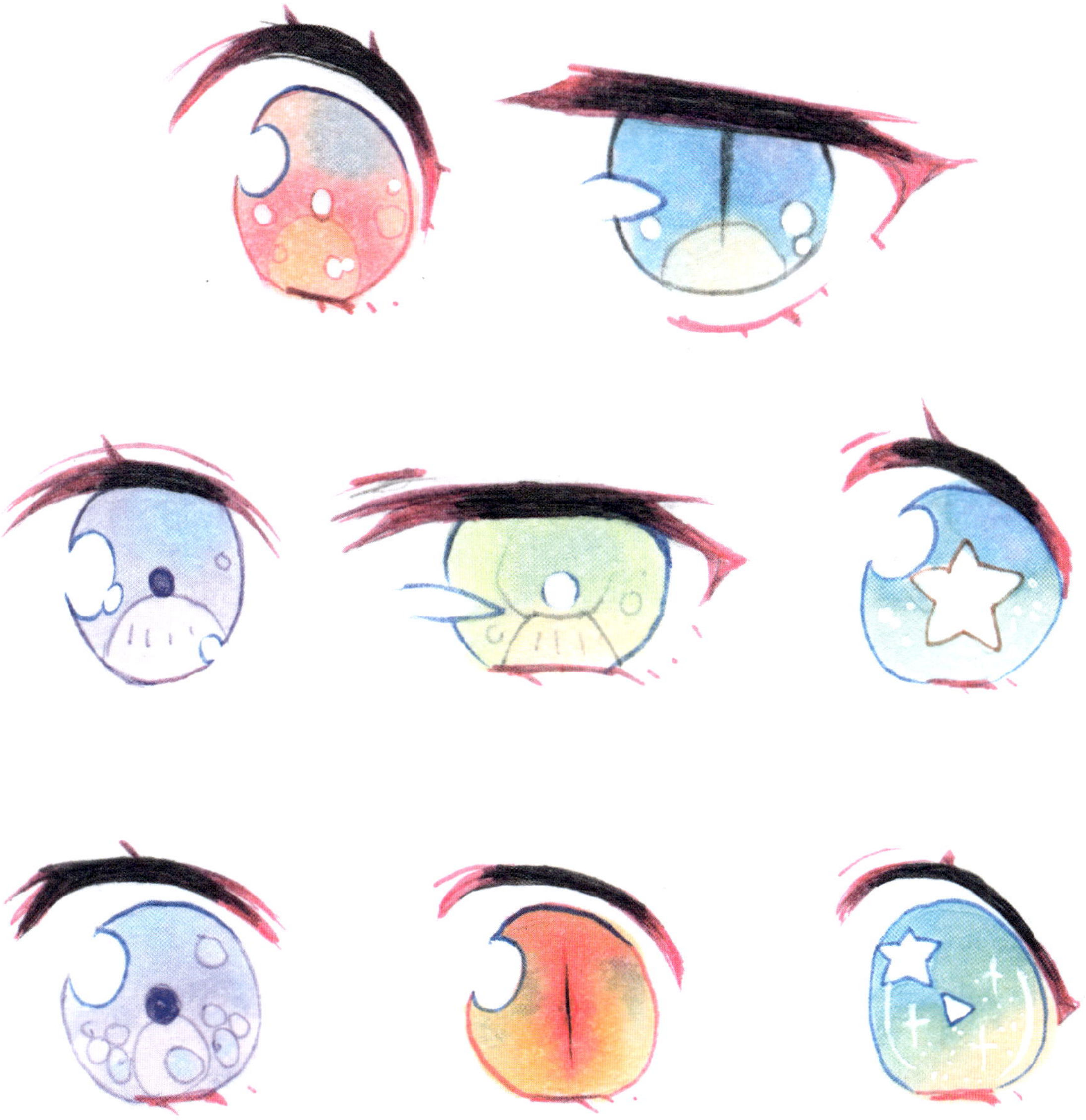

nase

So können Nasen gezeichnet werden. Manchmal wird die Nase auch erst beim Schattieren angedeutet.

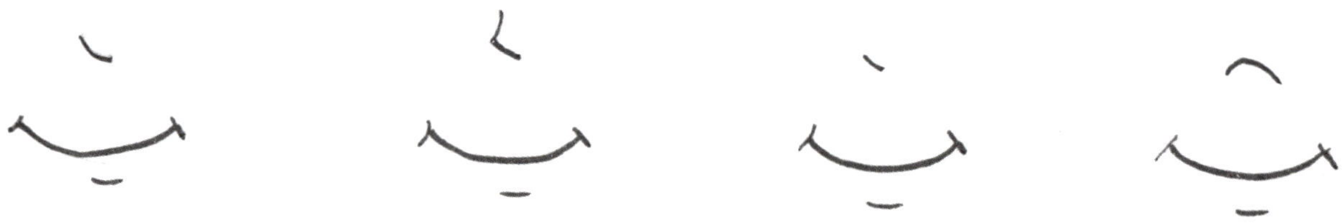

mund

Vergiss nicht Zähne oder Zunge, denn ein Mund wirkt unrealistisch, wenn er wie ein schwarzes Loch mitten im Gesicht aussieht. Die Zunge wird in einem helleren Farbton koloriert als das Innere der Mundhöhle. Dadurch entsteht eine räumliche Wirkung. Die Unterlippe wird oft nur durch eine kleine Falte unter dem Mund angedeutet.

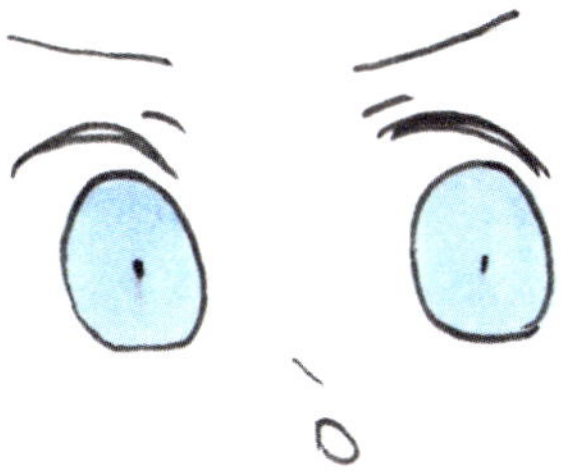

gesichtsausdruck

Damit ein Gesicht ausdrucksvoll wirkt, dürfen manche Elemente nicht weggelassen werden. Besonders wichtig sind die Augenbrauen und der Mund. Hier ist gut zu erkennen, wie sich nur durch Veränderungen der Augenbrauen oder des Munds ganz unterschiedliche Emotionen der Figur darstellen lassen.

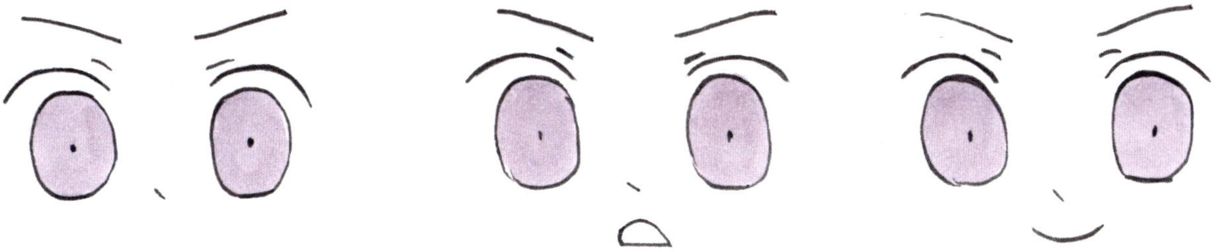

haare

Mit seiner Frisur sagt jeder Mensch etwas über sich selbst aus. Das ist bei Chibis nicht anders. Haare können lang oder kurz, lockig oder glatt sein, sie können zusammengebunden oder offen getragen werden, ganz wie es dir gefällt. Auf Seite 129 findest du weitere Vorschläge für coole Chibi-Frisuren.

glatt oder wellig?

Haare sind einfacher darzustellen, wenn du zuerst ihre grobe Form zeichnest und danach Einzelheiten einfügst.

GROBE FORM

MIT EINZELHEITEN

GROBE FORM

MIT EINZELHEITEN

Variiere die Form, damit die Haare realistisch und plastisch wirken. Die Strähnen sollten nicht aussehen wie Schläuche oder Spaghetti.

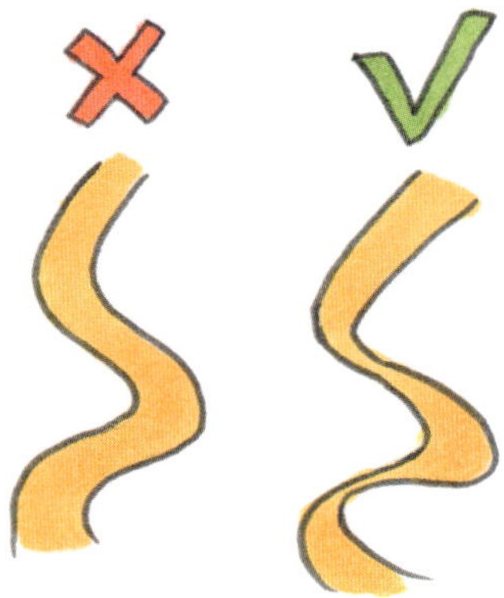

Denke daran, dass nicht alle Haare auf einer Ebene liegen. Manche sind dem Betrachter nahe, andere etwas weiter entfernt. Bei den untenliegenden Haaren brauchst du die einzelnen Strähnen nicht auszuarbeiten. Denke aber daran, dass die unteren Haare etwas dunkler sind, weil das Licht nicht direkt auf sie fällt.

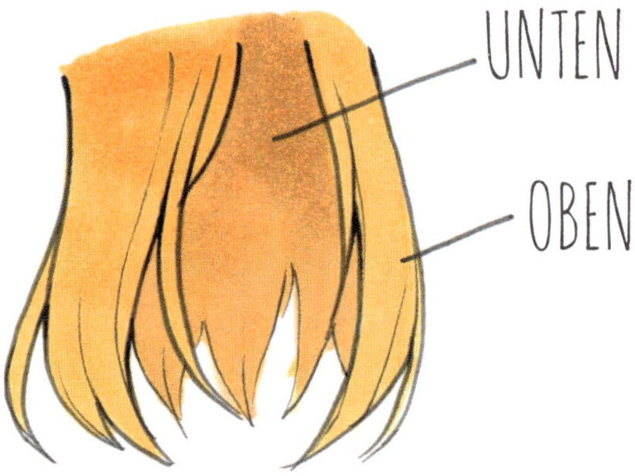

Die richtige Technik

Hast du auch schon darüber nachgegrübelt, wie man Haare richtig zeichnet? Damit sie nicht aussehen wie eine billige Faschingsperücke, die du deiner Figur übergestülpt hast, solltest du dir bewusst machen, wie Haare wachsen. In diesem Gesicht ist der Haaransatz als blaue Linie eingezeichnet. Über der Linie liegt die Kopfhaut, aus der die Haare wachsen. Darunter liegt der Teil des Kopfs, über den die Haare fallen. Es gibt verschiedene Möglichkeiten, wie die Haare wachsen und fallen können. Schau dir diese Beispiele gut an.

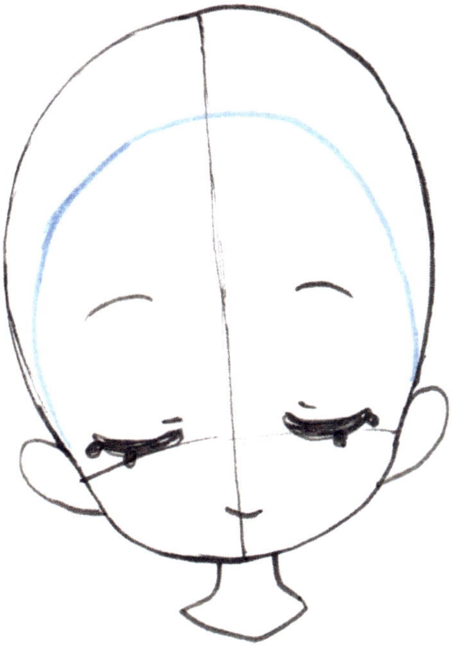

Hier wachsen die Haare vom Mittelscheitel aus zu beiden Seiten.

Diese Frisur hat einen Mittelscheitel, von dem die Haare zu den Seiten wachsen, und außerdem einen Pony, dessen Haare gerade nach vorn wachsen und in die Stirn fallen.

Es geht auch ohne Scheitel. Hier wachsen die Haare von einem Punkt aus spiralförmig in alle Richtungen nach außen.

Wo ein Scheitel sitzt, kannst du selbst entscheiden.

Kleidung

Kleidung und Schuhe geben jeder Figur Persönlichkeit. Sie sind aber nicht immer einfach zu zeichnen, weil Chibis so kleine Körper und winzige Füße haben. Suchst du noch mehr Ideen für Kleidung, schau auf Seite 132 nach.

eng oder weit?

Chibis haben zwar einen kleinen Körper, aber das heißt nicht, dass auch ihre Kleidung klein sein muss. Mit weiter Kleidung wirken die Figuren größer, und auch der Stoff erscheint realistischer. Außerdem wirkt das Größenverhältnis zwischen Kopf und Körper mit weiter Kleidung ausgewogener.

NORMAL

WEIT

RUHIG STEHEND

IN BEWEGUNG

Wenn sich eine Chibi-Figur bewegt, schwingt ihre Kleidung mit – es sei denn, die Kleidung sitzt sehr eng.

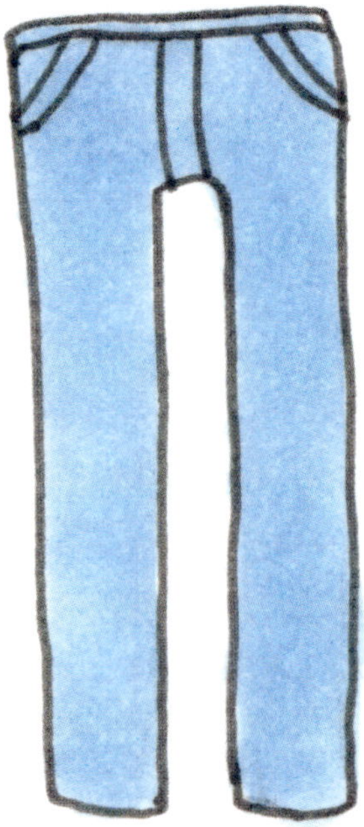

OHNE NÄHTE UND FALTEN

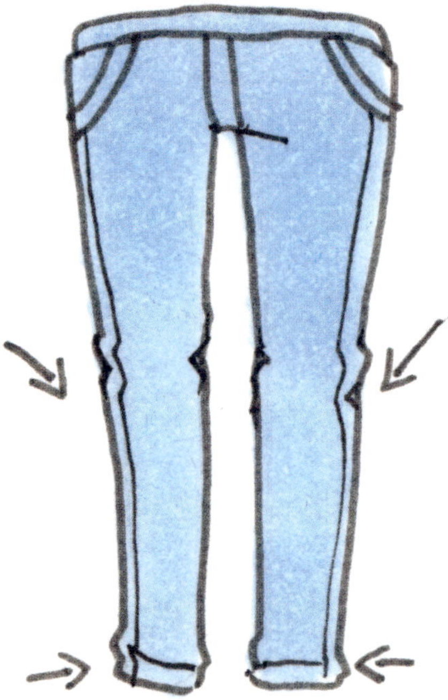

MIT NÄHTEN UND FALTEN

Damit Hosenbeine nicht wie Schläuche aussehen, solltest du Nähte an den Seiten einzeichnen. Denke auch an Falten an Knien und Saum, denn dort sitzt der Stoff lockerer am Körper als in anderen Bereichen des Beins.

Wenn Kleidung wellig fällt oder Falten wirft, achte darauf, sie fließend zu zeichnen. Alle Teile des Stoffs, auf die kein direktes Licht fällt, müssen dunkler schattiert werden.

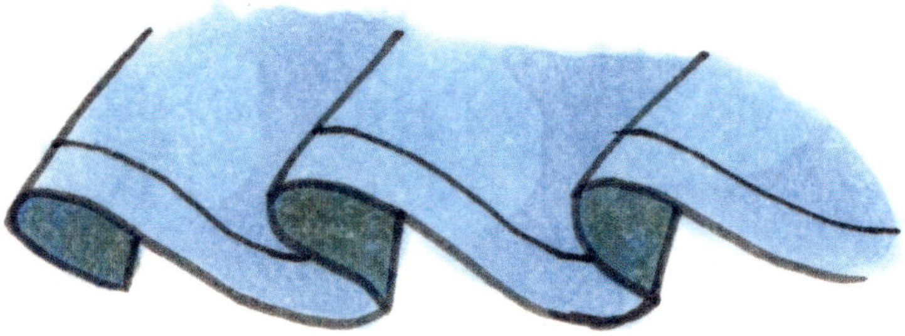

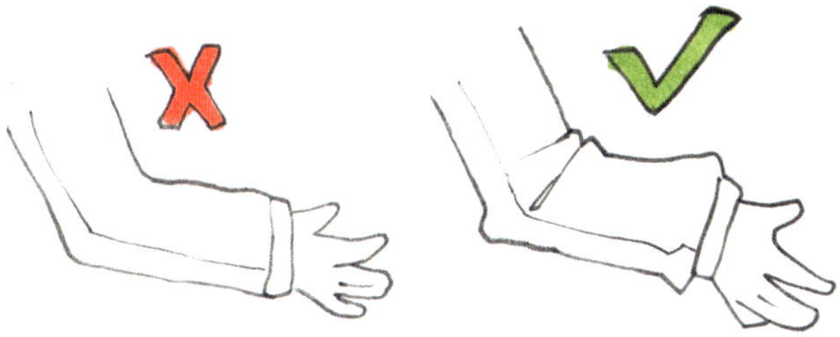

Ein Ärmel wirft dort Falten, wo der Ellenbogen nach innen gebeugt wird. Sie verlaufen fächerförmig zum äußeren Ellenbogen.

Bei diesen Beispielen zeigen die Pfeile die Richtung der Falten an. Beim verdrehten Ärmel laufen alle Falten in dieselbe Richtung. Am Ellenbogen verlaufen die Falten fächerförmig von innen nach außen. Stoff, der oben zusammengekräuselt ist, hat fächerförmige Falten, die von oben nach unten verlaufen.

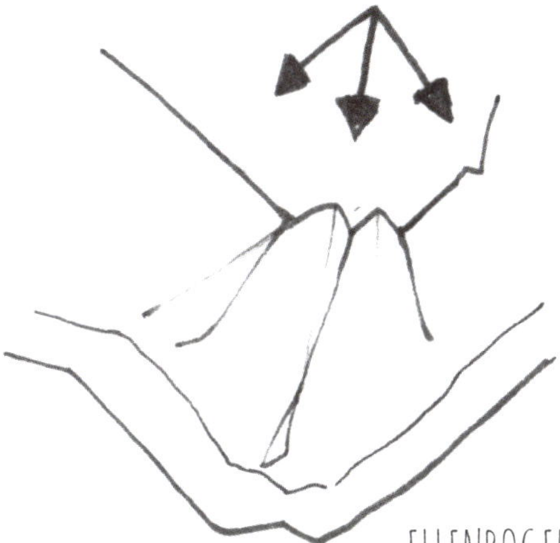

ELLENBOGENFALTE

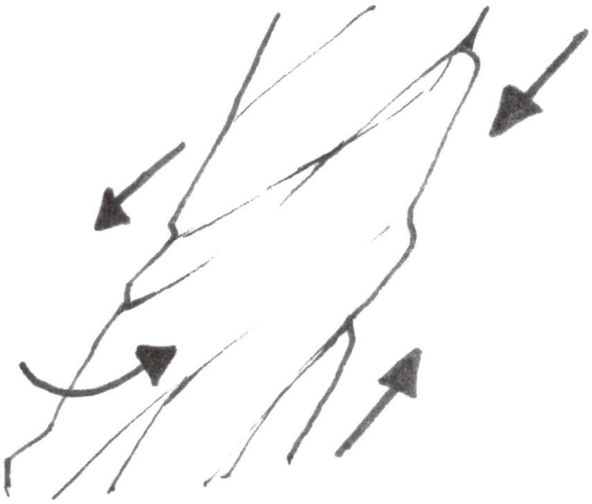

VERDREHTER ÄRMEL

GEKRÄUSELTER STOFF

Kleidung wirkt realistischer, wenn Saumöffnungen nicht gerade gezeichnet werden, sondern einen Schwung haben.

Bei einem offenen Mantel ist es nicht ganz leicht, sich vorzustellen, wie er an der Figur sitzt. Viel einfacher ist es, wenn du zuerst die grobe Form des ganzen Mantels zeichnest und danach die Einzelheiten ausarbeitest. Hier wird die Glockenform des Mantels skizziert. Erst danach folgen Details wie Ärmel und Knöpfe.

Schuhe

Weil Chibis winzige Füße haben, ist es gar nicht so leicht, ihre Schuhe zu zeichnen. Der Platz reicht kaum aus, um die Zehen anzudeuten, geschweige denn einen ganzen Schuh. Aber selbst an sehr kleinen Füßen kann man Ferse und Zehen andeuten – wie hier in Blau an einem breiten und einem schmalen Fuß.

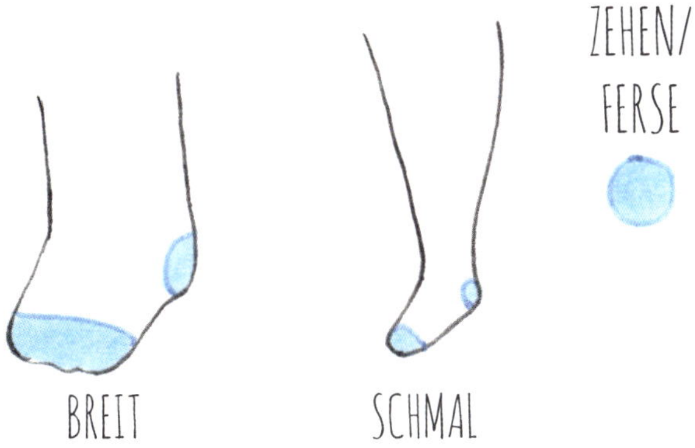

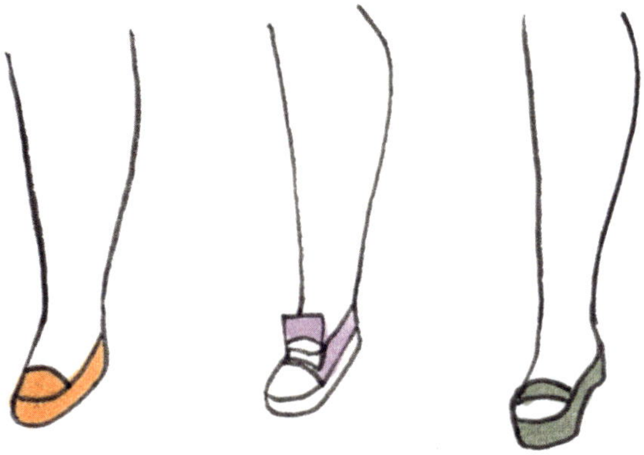

Wenn du weißt, wo Zehen und Ferse liegen, kannst du den Schuh einzeichnen. Am besten beginnst du an der Ferse und entwickelst von dort aus den Schuh um den Fuß herum. Hier siehst du einige Beispiele.

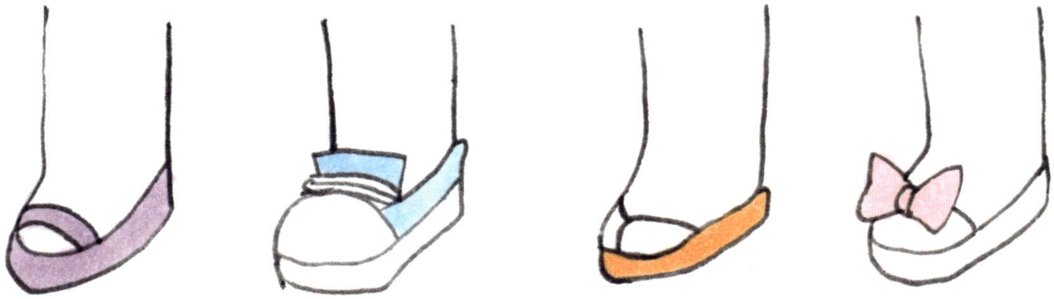

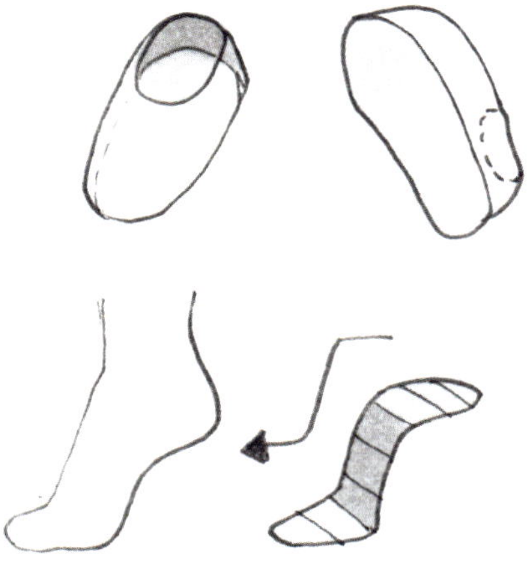

Jeder Schuh besteht aus einer Sohle und einem Oberteil. Die Sohle hat Einfluss auf die Form des Oberteils, und die Stellung des Fußes hat Einfluss auf die Sohle.

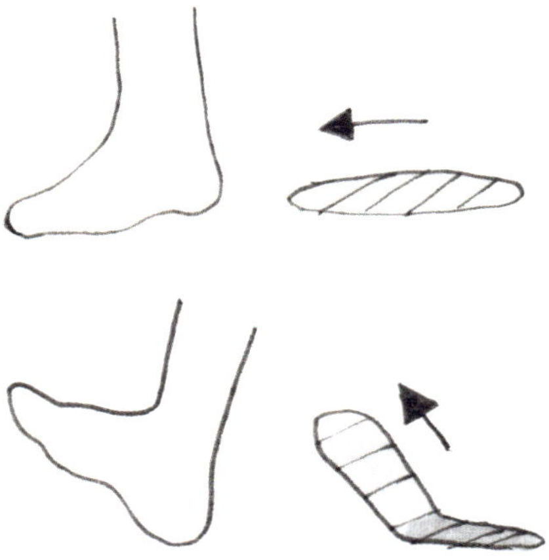

zubehör und hintergrund

Erst durch einen Hintergrund und/oder Requisiten, mit denen sie sich beschäftigen, werden deine Chibis richtig lebendig. Dabei darfst du ruhig von der Wirklichkeit abweichen. Diese Beispiele zeigen, dass das sogar interessanter aussehen kann. Weitere Vorschläge findest du auf Seite 135.

Requisiten

Nicht alles in der Welt der Chibis muss winzig sein. Eine Katze im richtigen Größenverhältnis zur Figur wirkt eher langweilig, oder? Das ändert sich, wenn die Katze größer ist.

Wer will schon ein kleines Eis, wenn man auch eine Riesentüte haben kann?

Natürlich sind Requisiten auch nützlich, um leere Flächen zu füllen, vor allem wenn du keinen Hintergrund zeichnen möchtest. Wie viel Zubehör du zeichnest, kannst du selbst entscheiden.

hintergrund

Du kannst auch einen Hintergrund zeichnen, um leere Flächen zu füllen. Schließlich soll dein Chibi ja nicht ganz allein auf dem weißen Papier stehen. Der Hintergrund muss nicht unbedingt realistisch sein. Manchmal genügen schon ein einfaches Muster oder wenige Striche.

Bei diesem Anglermotiv wurde nur ein Teil der Bildfläche mit Hintergrund ausgefüllt. Überlege, bevor du zu zeichnen anfängst, wie die ganze Szene aussehen soll. Das ist wichtig, damit die Haltung der Figur auch zu ihrer Umgebung passt.

Zeichne den Chibi doch einmal wie einen Besucher in deiner eigenen Welt. Im Vergleich zu deinem Heft und Bleistift ist er winzig!

Schattieren

Die Schatten sind für die Chibis ebenso wichtig wie die Farben. Schatten lassen Zeichnungen lebendig werden, denn sie verleihen ihnen räumliche Wirkung. Auf den folgenden Seiten geht es um die Grundlagen und das Schattieren mit Bleistift. Das Schattieren mit Farben wird ab Seite 42 genauer erklärt.

Bleistifte

Ich rate davon ab, einen Druckbleistift zu verwenden. Diese Stifte haben oft harte Minen, damit sie nicht so leicht abbrechen. Das bedeutet, dass man mit ihnen nur gleichmäßige, dünne Striche zeichnen kann. Die Strichstärke lässt sich nicht variieren, indem man den Stift schräg aufsetzt. Außerdem hinterlassen die harten Minen Spuren in der Papieroberfläche, die auch nach dem Ausradieren der Striche sichtbar bleiben können. Normale Bleistifte mit Holzmantel gibt es in vielen verschiedenen Härtegraden, darum kann man mit ihnen unterschiedlich dicke und dunkle Striche zeichnen. Verwendest du einen weichen Bleistift, lassen sich die Striche spurlos ausradieren und das Graphit lässt sich auf dem Papier gut verwischen.

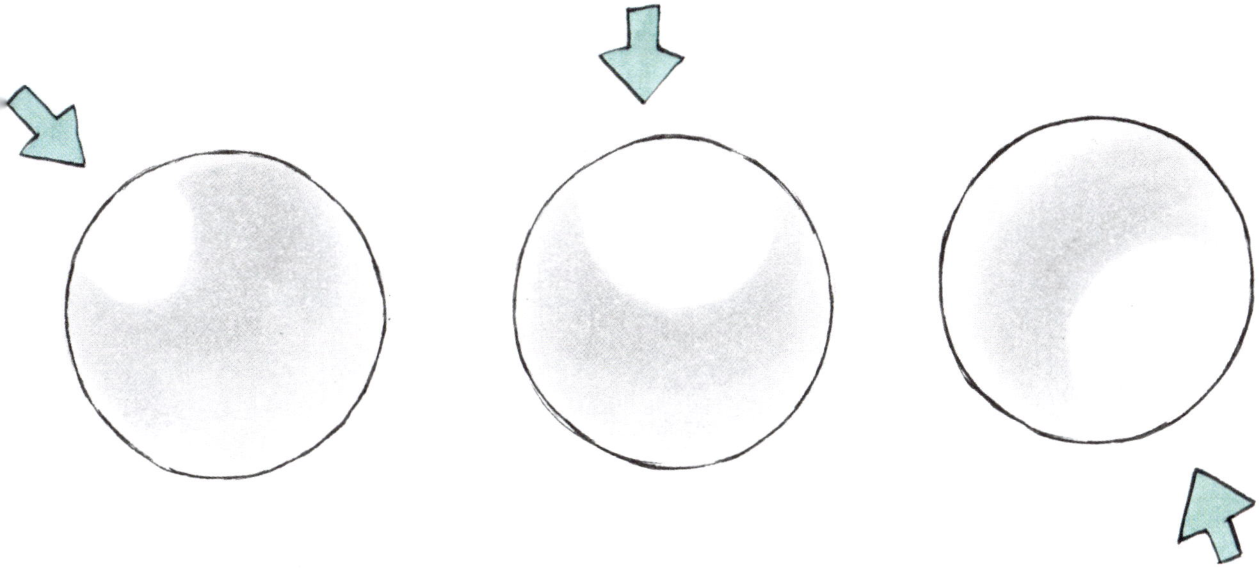

Lichtquelle

Vor dem Schattieren muss die Lichtquelle festgelegt werden. Ihre Position wirkt sich auf alle Elemente der Zeichnung aus. Bei diesen drei Kugeln zeigen die blauen Pfeile an, von welcher Seite das Licht auf sie fällt.

Der Bereich, auf den das Licht fällt, bleibt weiß. Ringsherum wird die Oberfläche etwas dunkler schattiert, weil sie nicht direkt im Licht liegt. Am dunkelsten ist die Schattierung in der Nähe des Lichtreflexes. Mit zunehmender Entfernung wird sie allmählich heller.

Richtig schattieren

Diese drei Techniken sind am besten für das Arbeiten mit dem Bleistift geeignet.

Schraffur: Setze den Bleistift schräg auf und fülle die Fläche, die schattiert werden soll, mit parallelen, schrägen Strichen aus. Solche Schattierungen wirken leicht, sie eignen sich auch gut, um Bewegung zu verdeutlichen.

Kreuzschraffur: Wenn du eine Fläche schraffiert hast, wiederhole den Vorgang, aber in einer anderen Richtung. Die zweiten Striche müssen nicht unbedingt rechtwinklig zu den ersten stehen. Die Kreuzschraffur ergibt eine dunklere Schattierung als die Schraffur.

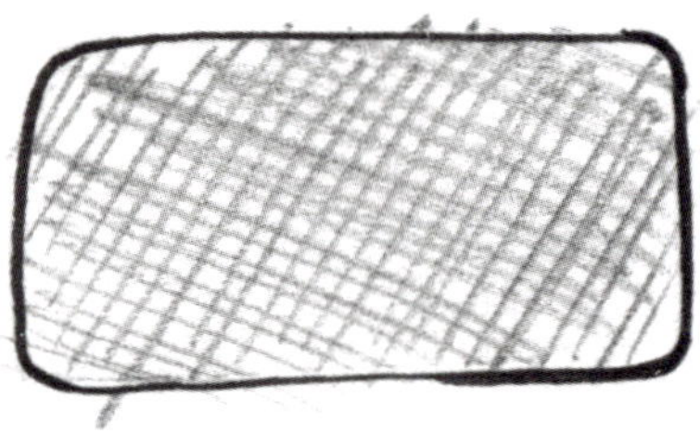

Schraffur mit Kreisen: Setze einen stumpfen Bleistift senkrecht auf das Papier und fülle die Fläche, die schattiert werden soll, mit winzigen Kreisen aus. Dabei darfst du nur leicht aufdrücken, denn die Kreise müssen sich überlagern, damit eine gleichmäßige Tönung entsteht. Diese Technik kostet mehr Zeit als eine Schraffur, aber sie ergibt einen einheitlichen, gleichmäßigen Grauton.

schatten

Fällt Licht auf einen Gegenstand, wirft er einen Schatten auf den Hintergrund oder auf andere Gegenstände, die hinter ihm liegen. Diesen Schatten nennt man Schlagschatten. Die Form des Schlagschattens ergibt sich aus dem Gegenstand, der den Schatten wirft. Die Kugel wirft beispielsweise einen runden Schatten auf das hinter ihr liegende Rechteck. Der blaue Pfeil zeigt die Einfallsrichtung des Lichts an.

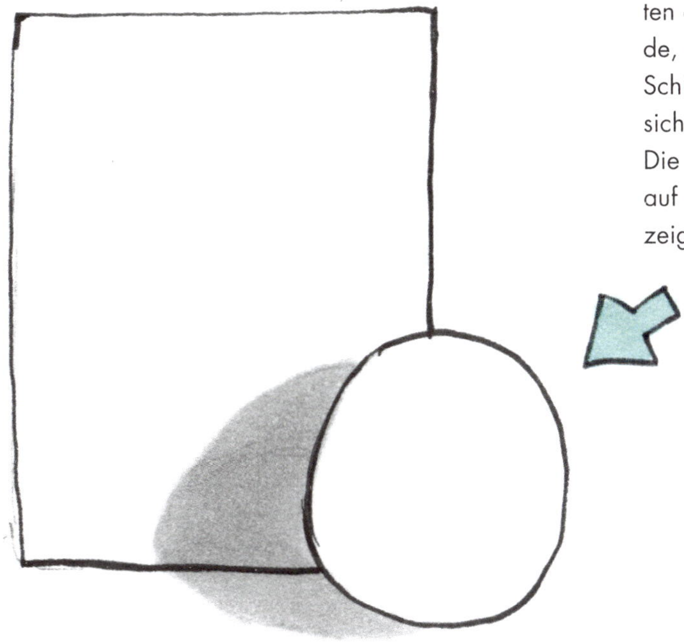

Die Oberfläche eines Gegenstands beeinflusst, wie ein Schatten aussieht. Der Schatten auf der Haarsträhne folgt dem Fall der Haare, und der Schatten auf dem Ärmel folgt den Falten im Stoff.

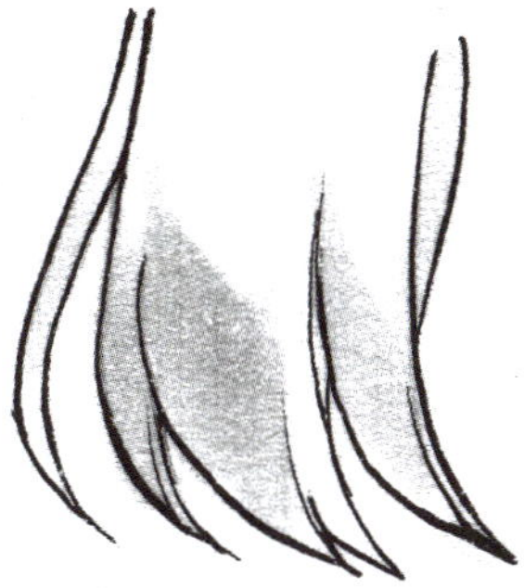

Kolorieren

Nun wird es Zeit, die Farbe ins Spiel zu bringen! Es macht großen Spaß, mit Farben zu experimentieren. Am Ende des Kapitels folgen zwei Schritt-für-Schritt-Anleitungen, mit denen du das Zeichnen und Kolorieren von Chibis üben kannst.

Farbe

Manche Farben passen besser zusammen als andere. Dabei spielt es keine Rolle, ob sie einander ähneln oder – wie Schwarz und Weiß – ganz unterschiedlich sind. Farben, die einander auf dem Farbkreis gegenüberliegen, nennt man Komplementärfarben. Solche Paare sind Rot und Grün, Orange und Blau oder Gelb und Violett. Sie verstärken sich in ihrer Wirkung gegenseitig. Damit ein Bild nicht zu unruhig wirkt, sollte man eine Farbe eines solchen Paars als Hauptfarbe wählen und die andere nur für kleine Akzente verwenden. Möglich ist auch, beide aufzuhellen, sodass der Kontrast sanfter wird. Du kannst dich beim Kolorieren am Farbkreis orientieren oder auch eigene Farbkombinationen zusammenstellen.

Warme, kühle und neutrale Farben

Man unterscheidet zwischen warmen, kühlen und neutralen Farben. Warme Farben sind angenehm anzuschauen und vermitteln tatsächlich Wärme. In diese Gruppe gehören Rot, Orange, Gelb und Braun. Kühle Farben wie Blau, Grün, Zyan, Violett und Indigo fallen stärker ins Auge. Zu den neutralen Farben gehören Schwarz, Weiß und alle Grautöne.

Schattieren mit Farbe

Ich stelle dir hier meine Methode vor, Zeichnungen mit Farben zu schattieren, du kannst aber auch andere ausprobieren. Zum Schattieren verwende ich meistens kühle Farben, denn ich finde, dass vor allem Schatten in Blau- und Violetttönen besonders glaubwürdig aussehen. Zum Schattieren muss man nicht immer eine dunklere Version der Grundfarbe verwenden. Oft wirken Schatten sogar realistischer und lebendiger, wenn man eine etwas andere Farbe benutzt.

Befindet sich die Lichtquelle links oben, wird für die linke Seite die Grundfarbe und für die rechte Seite die Schattenfarbe verwendet. In dieser Tabelle habe ich Kombinationen von Grundfarben und Schattenfarben zusammengestellt, die ich empfehle.

grundfarbe	schattenfarbe
Rot	Rotviolett
Orange	Braun
Gelb	Orange, Hellrosa, Beige
Grün	Blaugrün
Blau	Violett
Indigo	dunkles Violett
Rosa	Violett
Braun	Violett
Weiß	Hellblau, Lavendel oder die vorherrschende Farbe der direkten Umgebung
Pastellfarben	hellere Töne der oben genannten Farben

FARBÜBERGÄNGE

Übergänge sollten möglichst fließend und nahtlos aussehen. Mit Markern, Farbstiften und Aquarellfarben geht man dabei unterschiedlich vor.

marker

Beginne für einen Übergang zwischen zwei Farben mit der dunkleren. Dann wird dieser Bereich mit der helleren Farbe übermalt – immer mit senkrechten Strichen (bei kreisförmigen Strichen zerfließt die Farbe stärker). Spezielle transparente Marker, auch „Blender" genannt, hellen die Farbe auf. Sie eignen sich nicht für Übergänge oder Mischungen, sondern nur zum Verteilen einer einzelnen Farbe.

Farbstifte

Auch hier übermalst du im Bereich des Farbübergangs die dunklere mit der helleren Farbe. Arbeite mit kreisförmigen Strichen und mäßigem Druck. Zum Nachbearbeiten kannst du einen weißen Farbstift verwenden, allerdings hellt er die darunterliegenden Farben auf.

Aquarellfarben

Mischungen und Übergänge gelingen mit Aquarellfarben leicht, solange die Farbe nass ist. Ist eine Farbe schon angetrocknet, kannst du sie mit etwas Wasser wieder anlösen. Beim Malen mit Aquarellfarben muss der Pinsel gut angefeuchtet sein, sonst können die Flächen streifig werden. Kreisförmige Striche im Bereich des Übergangs verhindern ebenfalls Streifen. Ist die Farbe zu flüssig, kannst du statt des Pinsels auch ein Wattestäbchen oder ein Stück Küchenpapier verwenden. Es saugt etwas Flüssigkeit auf und beim Verwischen entsteht gleichzeitig eine Textur.

FARBVERLAUF

Von einem Farbverlauf spricht man, wenn eine Farbe allmählich heller oder dunkler wird. Arbeitest du mit zwei farblich unterschiedlichen Markern, füllst du zuerst die ganze Fläche mit der helleren Farbe aus. Danach wird sie nur im Bereich des Verlaufs mit der dunkleren übermalt. Im Übergangsbereich mit der helleren Farbe nacharbeiten. Verwendest du drei oder mehr Farben, arbeitest du von Hell nach Dunkel, beginnst also mit der hellsten und übermalst sie nur in den Übergangsbereichen mit den anderen. Mit der hellsten Farbe nacharbeiten.

Deine ersten Chibis

Ava

Ava kommt heute in die Schule. Mit ihrem treuherzigen Blick wird sie die Herzen ihrer Mitschüler und Lehrer bestimmt im Sturm erobern.

Material

- Bleistift
- Radiergummi
- schwarzer Fineliner, z.B. Sakura Pigma Micron 0,1mm
- Copic Marker: Skin White (E00), Baby Skin Pink (E21), Mauve Shadow (BV00), Frost Blue (B00), Sea Green (G12), Blush (R20), Barley Beige (E11), Pale Lilac (V12), Powder Blue (B41), Soft Violet (BV11)
- weißer Gelstift, z.B. Uni-ball Signo

1 Zeichne mit dem Bleistift ein großes Oval für den Kopf und ein Trapez für den Körper. Ava schaut geradeaus nach vorn.

2 Füge Arme und Beine an. Die Arme sind seitlich schräg ausgestreckt, die Beine in stehender Position. Die Fußspitzen zeigen leicht nach innen. Hilfslinien für Gesicht, Hals und Ohren einzeichnen.

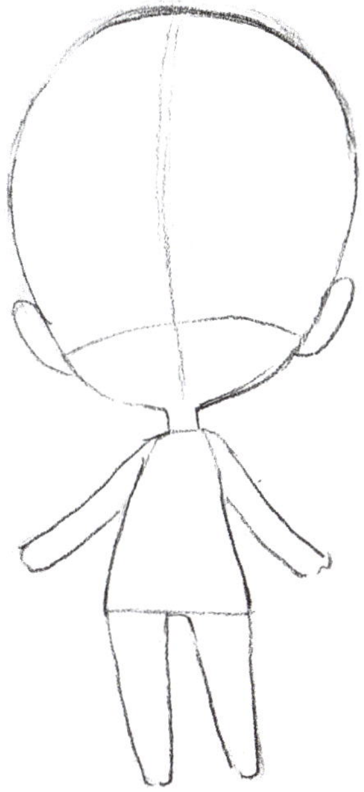

3 Skizziere nun das Gesicht. Der Gesichtsausdruck ist fröhlich, denn Ava freut sich auf die Schule.

4 Haare und Kleidung sollen zu der Figur passen. Ava bekommt kräftige, halblange Haare mit einem langen Pony und einer Haarschleife. Sie trägt eine Matrosenbluse mit kurzen Ärmeln, einen Faltenrock und flache Schuhe.

5 Die Skizze sieht noch unsauber aus, radiere deshalb jetzt die Hilfslinien weg. Danach zeichnest du Einzelheiten wie Falten, Nähte der Kleidung und Haarsträhnen ein.

6 Ziehe die Bleistiftstriche mit dem Fineliner nach. Variiere dabei die Strichstärke, damit die Zeichnung plastischer wirkt. Drücke beim Zeichnen der Haare an den Haarspitzen kräftiger auf. Ist der Fineliner getrocknet, kannst du sichtbare Bleistiftstriche wegradieren.

7 Nun folgen die Grundfarben. Verwende den Marker in Skin White für die Haut und in Baby Skin Pink für die Haare. Rock, Haarschleife und Borte am Blusenkragen bekommen Schatten in Mauve Shadow, die Schuhe und die Schleife an der Bluse werden mit Frost Blue ausgefüllt. Nimm Sea Green für die Iris.

8 Nach den Grundfarben kann schattiert werden. Setze für die Schatten von Kleidung und Haaren auf der Haut den Marker in Blush ein. Male mit derselben Farbe die Wangen. Barley Beige brauchst du für die Schattierungen auf dem Pony, die Unterseite der Haare und den Bereich um die Haarschleife. Mit Pale Lilac nur auf dem schattierten Bereich der Haare einen Verlauf einfügen, danach die Unterseite der Haare und die Schatten im Pony abdunkeln. Die Schatten auf der Bluse mit Powder Blue zeichnen, für Rock und Haarschleife Soft Violet verwenden. Die Schatten auf der Schleife an der Bluse und den Schuhen mit Mauve Shadow eintönen. Zuletzt setzt du mit dem weißen Gelstift Lichtreflexe in Haare und Augen.

Versuche es selbst!

Bonnie

Avas ältere Schwester geht schon etwas länger zur Schule. Sie trinkt Limo, damit sie in langweiligen Unterrichtsstunden wach bleibt.

material

- Bleistift
- Radiergummi
- schwarzer Fineliner, z.B. Sakura Pigma Micron 0,1mm
- Copic Marker: Skin White (E00), Baby Skin Pink (E21), Robin's Egg Blue (B02), Apple Green (G14), Prawn (R24), Blush (R20), Pale Lilac (V12), Light Hydrangea (B63), Toner Gray No. 1 (T1), Amethyst (V17)
- weißer Gelstift, z.B. Uni-ball Signo

1 Zeichne mit dem Bleistift ein großes Oval für den Kopf und ein Trapez für den Rumpf. Bonnie hat Kopf und Körper leicht nach links gedreht, aber sie schaut dich von vorne an.

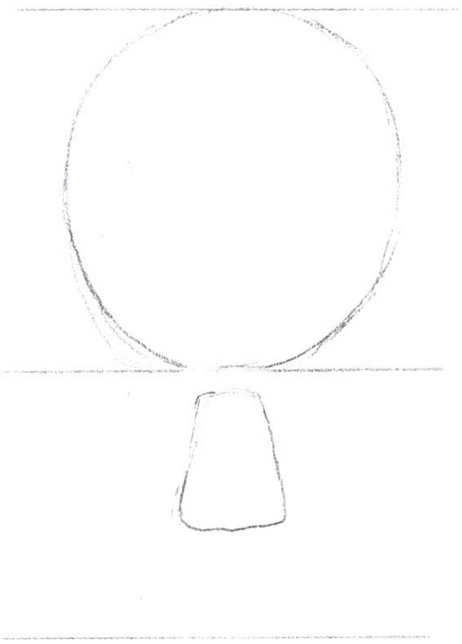

2 Nun die Arme und Beine anfügen. Bonnies linker Arm ist gestreckt. Der rechte ist leicht gebeugt, und die Handfläche ist nach oben gedreht, um die Limonade zu halten. Die Beine machen einen Schritt, dabei liegt ihr linkes Bein vor dem rechten. Hilfslinien für Gesicht, Hals und Ohren einzeichnen.

3 Skizziere nun das Gesicht. Bonnie ist selbstbewusst, das erkennt man am Zwinkern. In der Schule gehört sie ja schon zu den „Großen".

4 Bonnie bekommt fülliges, glattes Haar mit einem dicken Pony mit längeren Strähnen an der Seite. Um ihre Rattenschwänze sind Schleifen gebunden. Zu einer langärmeligen Matrosenbluse trägt sie einen wippenden Faltenrock, eine dunkle Strumpfhose und flache Schuhe. Vergiss nicht die Limo in ihrer rechten Hand.

5 Die Skizze sieht noch unsauber aus, radiere deshalb Hilfslinien jetzt weg. Füge danach Details wie die Falten und Nähte der Kleidung und die Haarsträhnen hinzu. Zeichne auch den Trinkhalm und das Motiv auf der Dose.

6 Ziehe die Bleistiftstriche mit dem Fineliner nach. Variiere dabei die Strichstärke, damit die Zeichnung plastischer wirkt. Beim Zeichnen der Haare an den Haarspitzen kräftiger aufdrücken. Den Fineliner ganz trocknen lassen, dann sichtbare Bleistiftstriche ausradieren.

7 Nun folgen die Grundfarben. Nimm den Marker in Skin White für die Haut und in Baby Skin Pink für die Haare. Rock, Schuhe, Haarschleifen und die Streifen auf Kragen und Manschetten der Bluse kolorierst du mit Robin's Egg Blur. Verwende dieselbe Farbe für den Trinkhalm. Die Augen mit Apple Green einfärben, den Streifen auf der Limonadendose mit Prawn.

8 Nachdem du die Grundfarben aufgetragen hast, kann schattiert werden. Verwende für die Schatten unter dem Pony und in den Ohren sowie die Wangen einen Marker in Blush, für die größeren Lücken im Pony, die Schatten um die Augen und am Hals Pale Lilac. Rock, Haarschleifen und Schuhe schattierst du mit Light Hydrangea, die Bluse und Oberseite der Dose mit Toner Gray No. 1 und Pale Lilac. Setze für die Innenseite des Rocks Amethyst und für den hellen Streifen auf dem Rock Pale Lilac ein. Zuletzt kannst du mit dem weißen Gelstift Lichtreflexe in Haare und Augen setzen.

versuche es selbst!

Chibi-Figuren

Die Chibis in diesem Kapitel sind nicht nur niedlich. Jede Figur steht auch für einen bestimmten Monat und damit auch für die Jahreszeit und deren typische Feiertage. Wenn du dir für jeden Monat ein Projekt zum Üben vornimmst, bist du am Ende des Jahres topfit!

2

Jamie
Januar

Das Neue Jahr fängt mit einem Feuerwerk an. Jamie riskiert natürlich nichts und begnügt sich mit Wunderkerzen.

material

- Bleistift
- Radiergummi
- schwarzer Fineliner, z.B. Sakura Pigma Micron 0,1mm
- BIC Marking Marker: Sunset Orange, Summer Melon
- Copic Marker: Lapis Lazuli (B18), Light Suntan (E13), Toner Gray No. 1 (T1), Powder Blue (B41), Pale Cherry Pink (R11), Skin White (E00), Pale Lilac (V12)
- Crayola Signature Blending Marker: Polynesian Purple

1 Zeichne mit dem Bleistift ein großes Oval für den Kopf und ein Trapez für den Körper. Jamie schaut nach links – seine linke Seite liegt von dir aus gesehen rechts.

2 Jamies Arme sind beide nach oben abgewinkelt, um die Wunderkerze zu halten. Die Beine stehen parallel. Füge die Wunderkerze ohne Funken hinzu. Skizziere auf dem Boden ein Rechteck. Daraus wird die Kiste, in der die Knaller liegen. Hilfslinien für Gesicht, Hals und Ohr einfügen.

3 Skizziere nun das Gesicht. Jamie hat einen staunenden Gesichtsausdruck, weil er die funkelnde Wunderkerze bewundert.

4 Jamie hat dicke, glatte Haare. Er trägt einen Pullover und eine Jeans. Mantel und Schuhe sind aus Leder. Außerdem trägt er eine große, runde Brille. Deute die Funken der Wunderkerze an, arbeite die Kiste aus und füge einige Feuerwerkskörper hinzu.

5 Die Skizze sieht noch unsauber aus, radiere deshalb jetzt die Hilfslinien weg. Zeichne danach Einzelheiten wie Falten und Nähte der Kleidung und Haarsträhnen ein.

6 Ziehe die Bleistiftstriche mit dem Fineliner nach. Variiere dabei die Strichstärke, damit die Zeichnung plastischer wirkt. Beim Zeichnen der Haare an den Haarspitzen kräftiger aufdrücken. Ist der Fineliner getrocknet, kannst du sichtbare Bleistiftstriche ausradieren.

7 Lasse im Mantel, in der Iris und in der Kiste zu gleichen Teilen Bic Sunset Orange und Summer Melon ineinander übergehen. Koloriere die Flächen zuerst mit dem dunkleren Sunset Orange und schwäche es dann mit dem helleren Summer Melon ab. Koloriere mit denselben Stiften, aber ohne sie zu mischen, einige der Feuerwerkskörper. Du kannst Summer Melon auch für die Funken der Wunderkerze verwenden. Die Haut kolorierst du von außen nach innen und sparst dabei das Weiße der Augen aus. Wo Schatten der Haare auf das Gesicht fallen, ist die Farbe dunkler, in der Mitte des Gesichts ist sie heller. Die Jeans und die restlichen Feuerwerkskörper mit dem Copic Marker in Lapis Lazuli ausmalen, die Schuhe mit Light Suntan und den Pullover mit Toner Gray No. 1.

8 Nach den Grundfarben kann schattiert werden. Füge mit dem Copic Marker in Powder Blue einen zickzackförmigen Schatten auf dem Pony ein. Für die Haarspitzen verwendest du eine Mischung aus Pale Cherry Pink und Skin White und fügst sie unterhalb des blauen Schattens ein. Schattiere mit Pale Cherry Pink die Haut von außen nach innen und deute mit derselben Farbe die kreisrunden, geröteten Wangen an. Lege mit dem Copic Marker in Pale Lilac Schatten auf die Iris und deute auf dem Mantel mit leichten Strichen die Textur an. Mit Crayola Polynesian Purple zeichnest du dunklere Schatten unter den Ärmeln, auf der Innenseite des Mantels und auf den Feuerwerkskörpern.

versuche es selbst!

Phoebe
Februar

Am 14. Februar wird der Valentinstag gefeiert. Rate mal, wem Phoebe einen Liebesbrief schickt?

material

- Bleistift
- Radiergummi
- schwarzer Fineliner, z.B. Sakura Pigma Micron 0,1mm
- Farbstifte, z.B. Prismacolor: Peach (939), Pink (929), Parma Violet (1008), Spanish Orange (1003), Poppy Red (922), White (938), Light Cerulean Blue (904)

1 Zeichne mit dem Bleistift ein großes Oval für den Kopf und ein Trapez für den Körper. Du siehst Phoebe direkt von vorn.

2 Phoebe hat beide Arme nach oben angewinkelt und hält einen Brief. Die Beine sind leicht gebeugt, die Knie zeigen nach innen. Füge Hilfslinien für Gesicht, Hals und Ohren ein.

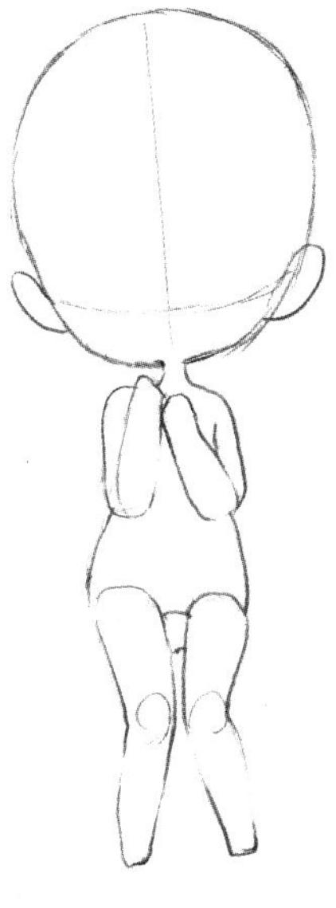

3 Skizziere nun das Gesicht. Phoebe hat einen verliebten Gesichtsausdruck. Sie hält einen Valentinsbrief in der Hand, ihre Augen sind geschlossen.

4 Phoebe hat lange, glatte Haare, die zu einer Seite schwingen und mit einer Schleife geschmückt sind. Sie trägt eine schulterfreie Bluse, einen Faltenrock mit Schleife und flache Schuhe. Skizzieren den Brief, den sie in den Händen hält, als einfaches Rechteck.

5 Die Skizze sieht noch unsauber aus, radiere deshalb die Hilfslinien jetzt weg. Zeichne danach Falten und Nähte der Kleidung, einzelne Haarsträhnen und die Details auf dem Briefumschlag ein. Vergiss nicht das Herz, mit dem er verschlossen ist.

6 Ziehe die Bleistiftstriche mit dem Fineliner nach. Variiere dabei die Strichstärke, damit die Zeichnung plastischer wirkt. Drücke beim Zeichnen der Haare an den Haarspitzen kräftiger auf. Ist der Fineliner getrocknet, kannst du sichtbare Bleistiftstriche ausradieren.

7 Koloriere deine Zeichnung nun dünn und gleichmäßig. Die Striche werden später miteinander verblendet. Verwende für die Haut einen Stift in Peach, aber lasse die Mitte des Gesichts frei. Töne die geröteten Wangen, Knie und Ellenbogen und den Schatten der Haare auf der Stirn mit Pink ein. Setze dieselbe Farbe für die Haare ein, aber lasse für den Lichtreflex einen Streifen weiß stehen. Führe die Striche immer vom Lichtreflex weg. Koloriere die Unterseite der Haare und die Ränder des Lichtreflexes mit Parma Violet. Übermale dabei auch Teile der oberen Haare, damit die Farbe wärmer wirkt. Nimm für die Haarspitzen, die Haarschleife und den Rock Spanish Orange und für die Falten im Rock, das Band und die Schuhe Poppy Red. Male das Herz auf dem Umschlag mit Pink aus.

8 Nun werden die Farben miteinander verblendet. Wenn dir das typische Aussehen einer Farbstiftzeichnung gefällt, kannst du diesen Schritt auslassen. Ansonsten übermale alle Farben mit dem weißen Stift, indem du eine Schraffur mit schrägen, parallelen Strichen darüberlegst. Drücke dabei fest auf (siehe Seite 40). Male danach mit geringem Druck kleine Kreise. Möglicherweise musst du anschließend einige der Fineliner-Konturen noch einmal nachzeichnen. Mit Light Cerulean Blue die Unterseite der Haare, einige der äußeren Strähnen und die mit dem Band zusammengehaltenen Strähnen eintönen. Falls nötig, danach noch einmal mit dem weißen Farbstift nacharbeiten.

VERSUCHE ES SELBST!

spring

märz

Spring mag Blumen und kümmert sich liebevoll um ihren Garten. Am Ende dieses Monats wird es langsam wärmer und überall zeigen sich kleine Blüten.

material

- Bleistift
- Radiergummi
- Aquarellfarben, z.B. Sargent Watercolor Art-Time Pan (Kasten mit 8 Farben) und dazugehöriger Pinsel
- Palette oder ein flaches Stück Plastik (z.B. Deckel einer Gefrierbox)
- Becher mit Wasser
- Küchenpapier, um den Pinsel abzutrocknen und überschüssige Farbe abzutupfen
- schwarzer, wasserfester Fineliner

1 Zeichne mit dem Bleistift ein großes Oval für den Kopf und für den Körper ein leicht gekrümmtes Trapez. Spring schaut nach links – ihre rechte Seite liegt von dir aus gesehen links.

2 Mit den Armen hält Spring eine Gießkanne, die Beine sind gebeugt. Skizziere auch die Blume, die sie begießt. Füge danach Hilfslinien für Gesicht, Hals und Ohr ein.

3 Zeichne nun das Gesicht. Spring schaut mit einem fürsorglichen Gesichtsausdruck auf die kleine Blume hinab.

4 Spring hat volles, glattes, langes Haar mit einem langen Pony, längeren Strähnen an den Seiten und einem Knoten auf dem Hinterkopf. Sie trägt ein T-Shirt, eine kurze Latzhose und flache Schuhe.

5 Die Skizze sieht noch unsauber aus, radiere deshalb die Hilfslinien jetzt weg. Zeichne danach die Sonne und die Blume im Haar, die Falten und Nähte der Kleidung und einzelne Haarsträhnen ein.

6 Ziehe die Bleistiftstriche mit dem wasserfesten Fineliner nach. Variiere dabei die Strichstärke, damit die Zeichnung plastischer wirkt. Drücke beim Zeichnen der Haare an den Haarspitzen kräftiger auf. Ist der Fineliner getrocknet, kannst du sichtbare Bleistiftstriche ausradieren.

7 Nun wird es farbig! Bei jedem Farbwechsel muss der Pinsel ausgewaschen und abgetrocknet werden. Mische etwas Orange mit einer winzigen Menge Gelb und verdünne mit so viel Wasser, dass ein durchscheinender Hautton entsteht. Trage die Mischung auf die ganze Haut auf, spare aber die Bereiche, auf die direktes Licht fällt, aus: die Mitte des Gesichts, die Hände und die Knie. Für die Sonne und für das Innere der Blume im Haar Gelb mit wenig Wasser verdünnen. Die Farbe soll stärker decken als die Hautfarbe. Tupfe etwas Grün ins nasse Gelb, sodass ein Gelbgrün entsteht. Mit Grün auch Augen, Schuhe und die Blätter der Blume kolorieren. Mische aus Blau mit etwas Schwarz und viel Wasser ein Graublau für die Latzhose. Für die Gießkanne Schwarz und wenig Blau stark mit Wasser verdünnen. Zuletzt die anfangs gemischte Hautfarbe mit etwas Braun abdunkeln und die Haare ausmalen.

8 Jetzt wird schattiert. Gestalte die Schatten auf dem Shirt und die Blütenblätter mit verdünntem Rot. Mit derselben Farbe schattierst du auch die Haut. Beginne dabei an den Rändern der Lichtreflexe im Gesicht und auf Knien und Händen. Gib zur verdünnten Farbe auf deiner Palette etwas mehr Rot und eine kleine Menge Orange und verwende diese kräftigere Mischung für die Wangen. Die Mischung mit Braun abdunkeln und die Schatten auf den Haaren einfügen. Der Oberkopf ist der Sonne zugewandt und muss heller bleiben. Mische etwas Rot und Violett und verdünne so, dass die Deckkraft der Farbe entspricht, mit der die Haare schattiert wurden. Schattiere damit Blütenblätter, die Iris der Augen, die Pupillen, Gießkanne und Latzhose. Lege mit derselben Farbe noch einige Schatten auf die Unterseite der Haare und unter einzelne Strähnen.

VERSUCHE ES SELBST!

Abel
April

Abel hat am 1. April viel Spaß daran, Menschen Streiche zu spielen. Er weiß aber genau, dass ein Streich nur gut ist, wenn alle darüber lachen können – nicht nur er selbst.

Material

- Bleistift
- Radiergummi
- schwarzer Fineliner, z.B. Sakura Pigma Micron 0,1mm
- Touchnew Marker: 25, 94, 70, 143, 140, 144, CG5
- weißer Gelstift, z.B. Uni-ball Signo

1 Zeichne mit dem Bleistift ein großes Oval für den Kopf und ein leicht eingeknicktes Trapez für den Körper. Abel schaut nach rechts, du siehst seine rechte Körperhälfte im Profil.

2 Abel hält in der rechten Hand einen Keks, in der linken eine Tube Zahncreme. Er kniet auf dem rechten Bein, darum ist die Sohle des rechten Fußes nach oben gedreht. Das linke Bein ist gebeugt, der Fuß steht auf dem Boden. Zeichne für die Schachtel mit den Doppelkeksen ein einfaches Rechteck und füge Hilfslinien für Gesicht, Hals und Ohr ein.

3 Skizziere das Gesicht. Abel hat einen verschmitzten Gesichtsausdruck, weil er einen Streich ausheckt. Zeichne auf die Tube einen Zahn und eine Linie für den Falz am unteren Ende.

4 Jetzt sind Kleidung und Haare an der Reihe. Abel hat fülliges, glattes Haar mit einem Seitenscheitel. Er trägt ein T-Shirt, Jeans und Turnschuhe.

5 Die Zeichnung sieht noch unsauber aus, radiere deshalb jetzt die Hilfslinien weg. Arbeite danach die Schachtel und die Doppelkekse genauer aus. Zeichne Nähte und Falten der Kleidung und einige Haarsträhnen ein.

6 Ziehe die Bleistiftstriche mit dem Fineliner nach. Variiere dabei die Strichstärke, damit die Zeichnung plastischer wirkt. Drücke beim Zeichnen der Haare an den Haarspitzen kräftiger auf. Ist der Fineliner getrocknet, kannst du sichtbare Bleistiftstriche ausradieren.

7 Nun folgen die Grundfarben. Male die Schuhe und die Kekse mit dem schwarzen Fineliner aus, lasse dabei aber die Schuhsohlen und den Mittelstreifen der Kekse weiß stehen. Verwende für die Haut den Touchnew-Marker 25. Trage die Farbe auf der Stirn zweimal auf. Die Haare kolorierst du mit dem Farbton 94, die Jeans mit dem Farbton 70 und die Tube mit dem Farbton 143. Die Zahncreme, der Zahn auf der Tube und das Shirt bleiben weiß.

8 Zuletzt wird schattiert. Füge mit dem Farbton 140 Schatten am Haaransatz, auf Hals und Armen, in den Ohren, über den Augenlidern und Augenbrauen ein. Schattiere mit derselben Farbe die geröteten Wangen und übermale sie sofort mit kreisförmigen Bewegungen mit Farbton 25, sodass sich die Farben mischen. Arbeite mit dem Farbton 94 die Haare aus. Am Scheitel liegen die dunkelsten Schatten, zu den Haarspitzen werden sie heller. Schattiere mit dem Farbton 144 das Shirt und die Unterseite der Keksschachtel. Füge danach mit dem Farbton CG5 Schatten auf der Rückseite der Jeans ein. Zuletzt zeichnest du mit dem weißen Gelstift Lichtreflexe auf Wangen und Haaren und malst das Pünktchenmuster auf der Zahncremetube.

VERSUCHE ES SELBST!

mama mai

Im Mai feiern wir den Muttertag. Hätte Mutter Natur eine menschliche Gestalt, könnte sie vielleicht so aussehen.

material

- Bleistift
- Radiergummi
- Aquarellfarben, z.B. Sargent Watercolor Art-Time Pan (Kasten mit 8 Farben) und dazugehöriger Pinsel
- Palette oder ein flaches Stück Plastik (z.B. Deckel einer Gefrierbox)
- Becher mit Wasser
- Küchenpapier, um den Pinsel abzutrocknen und überschüssige Farbe abzutupfen
- schwarzer, wasserfester Fineliner

1 Zeichne mit dem Bleistift ein großes Oval für den Kopf und ein Trapez für den Körper. Mama schaut nach vorne.

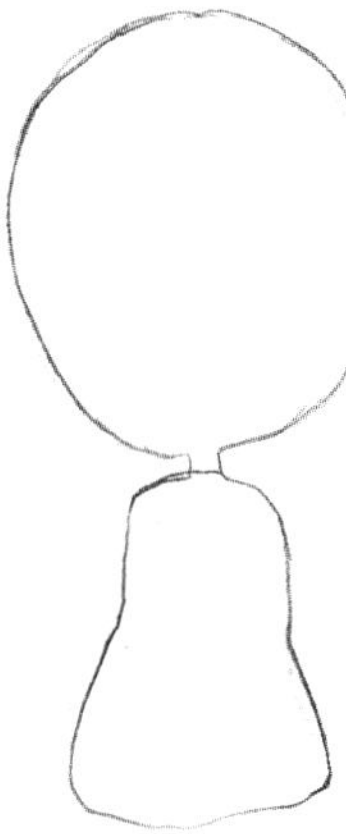

2 Die Arme sind beide nach oben angewinkelt. Die Beine sind leicht gebeugt, die Knie zeigen nach innen. Zeichne Hilfslinien für Gesicht, Hals und Ohren ein.

3 Nun ist das Gesicht an der Reihe. Mama lächelt freundlich. Sie hat Freude daran, sich um die Natur auf unserem wunderbaren Planeten zu kümmern.

4 Die Haare von Mama sind lang und gewellt. Sie trägt einen Seitenscheitel und einen schräg zur Seite gekämmten, langen Pony und dazu eine Blume im Haar. Ihr Kleid ist vorn kürzer als hinten. Um die Schultern liegt ein Umhang mit einer Bogenkante. Hals und Taille sind mit Schleifen verziert.

5 Die Skizze sieht noch unsauber aus, radiere deshalb jetzt die Hilfslinien weg. Zeichne danach die Blumen auf dem Kleid ein. Mit zwei Punkten unter den inneren Augenwinkeln deutest du an, dass sie älter ist.

6 Ziehe die Bleistiftstriche mit dem wasserfesten Fineliner nach. Variiere dabei die Strichstärke, damit die Zeichnung plastischer wirkt. Drücke beim Zeichnen der Haare an den Haarspitzen kräftiger auf. Ist der Fineliner getrocknet, kannst du sichtbare Bleistiftstriche wegradieren.

7 Nun folgen die Grundfarben. Wichtig ist, vor jedem Farbwechsel den Pinsel auszuwaschen und abzutrocknen. Verdünnen etwas Braun mit Wasser und töne damit die Haut im Gesicht und auf Armen und Beinen ein. Trocknen lassen, dann Haaransatz, Seiten des Gesichts und Oberschenkel nochmals übermalen. Verdünne Gelb mit Wasser, gib eine winzige Menge Schwarz dazu und verdünne die Mischung nochmals. Male damit die Haare und die Innenseite des Rocks aus. Gib etwas braune Hautfarbe zu der Mischung und übermale damit die Haare, aber spare die äußeren Seiten und die Spitzen aus. Für den Umhang verwendest du eine sehr verdünnte Mischung zu gleichen Teilen aus Rot und Violett. Mische zuletzt etwas Blau mit einer kleinen Menge Grün, gib Wasser dazu und koloriere die Blumen und Schleifen. Übermale mit derselben Farbe den Umhang und die Innenseite des Rocks, um ihnen einen leichten Blauschimmer zu geben.

8 Sind die Grundfarben trocken, kann schattiert werden. Schattiere mit demselben Blau wie im vorigen Schritt die Schleifen. Verdünne die Farbe noch einmal und setze sie für die Innenseite des oberen Rocks ein. In die Farbe, die im vorigen Schritt für die Haut verwendet wurde, mischst du etwas Rot und schattierst damit die Bereiche der Haut, die direkt an Haare oder Kleidung grenzen. Die Farbe nochmals verdünnen und Schatten auf den Haaren einfügen, dabei von hinten nach vorn arbeiten. Führe die Pinselstriche so, wie die Haare fallen. Füge mit dem Blau, mit dem die Schleifen schattiert wurden, auch die Schatten auf dem weißen Teil des Kleids, dem Umhang und auf der Unterseite der unteren Haare ein.

VERSUCHE ES SELBST!

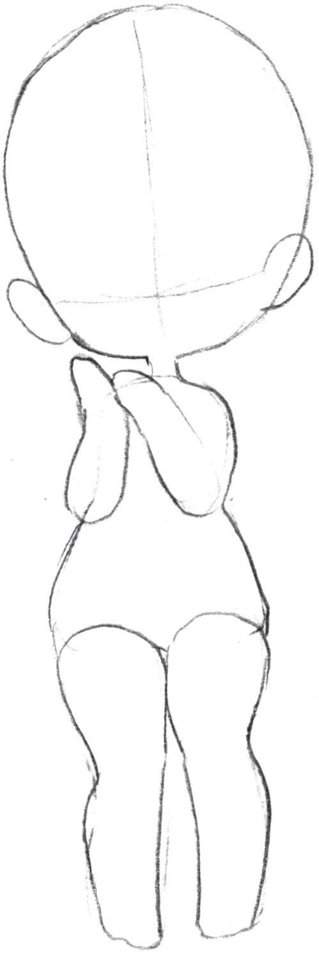

Papa
Juni

Der Juni ist der Monat, in dem in vielen Ländern der Vatertag gefeiert wird. Papa brät zur Feier des Tages Pfannkuchen, aber sollten das nicht eigentlich die Kinder für ihn tun?

Material

- Bleistift
- schwarzer, wasserfester Fineliner
- Radiergummi
- Aquarellfarben, z.B. Sargent Watercolor Art-Time Pan (Kasten mit 8 Farben) und dazugehöriger Pinsel
- Palette oder ein flaches Stück Plastik (z.B. Deckel einer Gefrierbox)
- Becher mit Wasser
- Küchenpapier, um den Pinsel abzutrocknen und überschüssige Farbe abzutupfen
- weißer Gelstift, z.B. Uni-ball Signo

1 Zeichne mit dem Bleistift ein großes Oval für den Kopf und ein Trapez für den Körper. Papa schaut nach links, seine linke Seite siehst du rechts im Bild.

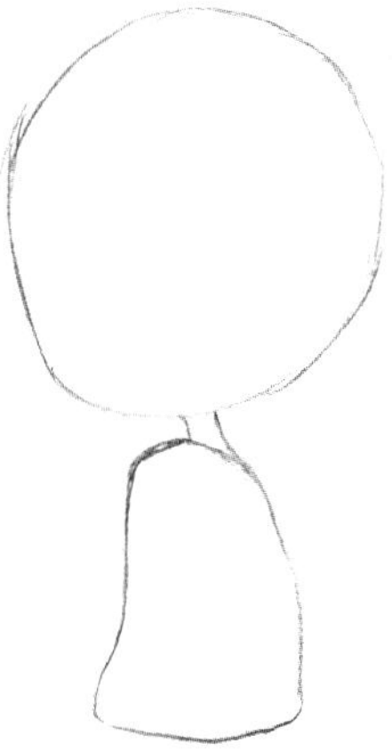

2 Papa hält die Pfanne mit beiden Händen. Das rechte Bein steht schräg nach vorn, das linke Bein ist leicht gebeugt. Zeichne Hilfslinien für Gesicht, Hals und Ohren ein.

3 Man sieht am Gesichtsausdruck, dass Papa sich konzentriert. Schließlich ist es nicht so leicht, Pfannkuchen zu wenden. Zeichne auch die Pfannkuchen.

4 Papa hat kurze, nach oben gekämmte Haare und einen kleinen Kinnbart. Er trägt ein Polohemd, Cargoshorts und Turnschuhe.

5 Die Skizze sieht noch unsauber aus, radiere deshalb jetzt die Hilfslinien weg. Zeichne weitere Einzelheiten ein, zum Beispiel Falten, Nähte und Taschen der Kleidung sowie einzelne Haarsträhnen.

6 Ziehe die vorgezeichneten Umrisslinien mit dem wasserfesten Fineliner nach. Variiere dabei die Strichstärke, damit die Zeichnung plastischer wirkt. Drücke beim Zeichnen der Haare an den Haarspitzen kräftiger auf. Ist der Fineliner getrocknet, kannst du sichtbare Bleistiftstriche wegradieren.

7 Nun folgen die Grundfarben. Vor jedem Farbwechsel muss der Pinsel gut ausgewaschen und abgetrocknet werden. In diesem Schritt werden alle Farben und Mischungen mit viel Wasser verdünnt. Die Grundfarben müssen sehr hell sein, damit später beim Ausarbeiten der Schatten interessante Kontraste entstehen. Verwende ein Braun für die Haare, den Bart und die Schuhe. Mit einer Mischung zu gleichen Teilen aus Gelb und Orange kolorierst du die Haut und übermalst dabei den Bereich unter den Augenbrauen nochmals. Für die Shorts und die Augen etwas verdünntes Braun (von den Haaren) mit Grün mischen. Für die Pfannkuchen etwas mehr Gelb zur Hautmischung geben. Lege auf der Vorderseite des Shirts einen Farbverlauf in Blau an: Das ist der Schatten der Pfanne. Deute mit dem Blau auch einen Farbverlauf in den Augen an. Für die Pfanne Schwarz zu einem wässrigen Grau verdünnen.

8 Sind die Grundfarben trocken, kannst du schattieren. Alle Farben für die Schatten müssen etwas konzentrierter als die Grundfarben sein. Diese Farben brauchst du: eine Mischung aus Braun mit weniger Rot für Haare, Bart und Schuhe, eine Mischung zu gleichen Teilen aus Rot und Orange für Gesicht und Pfannkuchen, eine Mischung zu gleichen Teilen aus Violett und Braun für Shorts und Augen und Violett für das Shirt. Führe beim Schattieren der Haare den Pinsel immer von unten nach oben, damit die Spitzen schön stachelig wirken. Beim Shirt wird auch der Schatten der Pfanne nochmals übermalt. Die Pfanne mit Grau schattieren. Tupfe in Bereiche der Haare, die noch keine Schatten haben, etwas Blau. Setze zum Schluss mit dem Gelstift Lichtreflexe in die Augen und auf die Wangen.

Versuche es selbst!

Jules

Juli

Vielerorts werden im Juli große Feste gefeiert – oft mit einem Feuerwerk. Das ist toll, denn in den großen Ferien darf man lange aufbleiben.

Material

- Bleistift
- Radiergummi
- schwarzer Fineliner, z.B. Sakura Pigma Micron 0,1mm
- Touchnew Marker: 36, 18, 14, 163, 68, 144, 48, BG1
- weißer Gelstift, z.B. Uni-ball Signo

1 Zeichne mit dem Bleistift ein großes Oval für den Kopf und ein leicht gekrümmtes Trapez für den Körper. Jules hat den Kopf leicht nach links geneigt.

2 Jules Arme sind abgewinkelt, weil er sich die Ohren zuhält. Er sitzt auf dem Boden, die Knie sind gebeugt. Füge Hilfslinien für Gesicht, Hals und Ohren ein. Für den Feuerwerkskörper skizzierst du ein schräges Rechteck mit einem kleinen „Stiel".

3 Jetzt ist das Gesicht dran. Man sieht am Gesichtsausdruck, dass Jules Angst hat. Er mag das laute Knallen der Feuerwerkskörper gar nicht. Einige Tränen verdeutlichen sein Gefühl. Arbeite den Feuerwerkskörper genauer aus.

4 Jules trägt eine Baseballkappe mit hochgeklapptem Schirm, unter dem dicke, glatte Haare hervorschauen. Er trägt ein Kapuzenshirt mit kurzen Ärmeln, Jeansshorts und Turnschuhe.

5 Die Skizze sieht noch unsauber aus, radiere deshalb jetzt die Hilfslinien weg. Danach Einzelheiten einzeichnen, zum Beispiel Nähte und Falten der Kleidung und einen Zahn.

6 Ziehe die Bleistiftstriche mit dem Fineliner nach. Variiere dabei die Strichstärke, damit die Zeichnung plastischer wirkt. Drücke beim Zeichnen der Haare an den Haarspitzen kräftiger auf. Ist der Fineliner getrocknet, kannst du sichtbare Bleistiftstriche wegradieren.

7 Nun folgen die Grundfarben. Dieses Motiv wird mit deckenden Farben koloriert. Wenn die Flächen streifig aussehen, musst du sie eventuell mehrmals übermalen, damit ein gleichmäßiger Farbeindruck entsteht. Mit dem Touchnew Marker 36 die Haut sowie Spitze, Ende und Funken des Feuerwerkskörpers kolorieren. Für den geöffneten Mund Farbe 18 verwenden, aber den Zahn weiß lassen. Mit Farbe 14 die roten Wangen unter den äußeren Augenwinkeln und die Hülle des Feuerwerkskörpers malen. Farbe 163 für Haare und Schuhe verwenden, Farbe 68 für das Kopfteil der Kappe. Tränen und Jeans werden mit Farbe BG1 koloriert.

8 Wer möchte, kann die Zeichnung jetzt noch schattieren, dieser Schritt kann aber auch weggelassen werden. Alle Farben werden nur sehr zart aufgetragen. Mit dem Touchnew Marker in Farbe 14 den Schatten am Haaransatz einfügen. Er verstärkt den Kontrast zwischen Haut- und Haarfarbe. Wo der Schirm der Kappe einen Schatten wirft, mit Farbe 48 einen Halbkreis auf dem Haar abdunkeln. Mit Farbe 144 einen verlaufenden Schatten am unteren Rand der Kappe andeuten und mit demselben Stift die Shorts teilweise abdunkeln. Mit dem graublauen Marker die Vorderseite des Shirts schattieren. Zuletzt mit dem weißen Gelstift Lichtreflexe auf Haaren und Wangen andeuten und mit dem Fineliner auf Höhe der Schultern die „Zitterlinien" zeichnen.

Versuche es selbst!

Audrey
August

Wenn die Sommerferien zu Ende sind, fängt das neue Schuljahr an. Audrey ist davon gar nicht begeistert.

material

- Bleistift
- Radiergummi
- schwarzer Fineliner, z.B. Sakura Pigma Micron 0,1mm
- Farbstifte, z.B. von Prismacolor: Peach (939), Pink (929), Apple Green (912), Spanish Orange (1003), True Blue (903), White (938), Parma Violet (1008)

1 Zeichne mit dem Bleistift ein großes Oval für den Kopf und ein Trapez für den Körper. Du siehst Audreys rechte Körperhälfte im Profil, sie schaut geradeaus.

2 Audreys Arme sind beide abgewinkelt, die Hände fassen die Riemen des Rucksacks. Die Beine nehmen eine Schrittstellung ein. Füge Hilfslinien für Gesicht, Hals und Ohr ein. Die Kaugummiblase vor dem Mund und den Umriss des Rucksacks skizzieren.

3 Jetzt ist das Gesicht dran. Audrey hat einen verärgerten Gesichtsausdruck: Offenbar hat sie keine Lust, wieder zur Schule zu gehen. Den Rucksack deutlicher ausarbeiten.

4 Audrey hat einen Pony mit längeren Strähnen an den Seiten und einen superlangen Pferdeschwanz mit Schleife. Sie trägt eine ärmellose, ausgestellte Bluse mit einer Rüsche am Saum, Jeansshorts und flache Schuhe. Zeichne weitere Details des Rucksacks ein, auch den Anhänger, der an ihm baumelt.

5 Die Skizze sieht noch unsauber aus, radiere deshalb jetzt die Hilfslinien weg. Danach Einzelheiten wie Falten und Nähte der Kleidung und Haarsträhnen einzeichnen.

6 Ziehe die Bleistiftstriche mit dem Fineliner nach. Variiere dabei die Strichstärke, damit die Zeichnung plastischer wirkt. Drücke beim Zeichnen der Haare an den Haarspitzen kräftiger auf. Ist der Fineline getrocknet, kannst du sichtbare Bleistiftstriche wegradieren.

7 Nun folgen die Grundfarben. Setze für die Haut den Stift in Peach ein, aber spare das Weiße der Augen und den Bereich der Nase aus. Mit Pink kolorierst du die roten Wangen, die Schuhe, den Rucksack und die Kaugummiblase. Denke daran, auf der Kaugummiblase den weißen Lichtreflex auszusparen. Nun abwechselnd mit den Stiften in Apple Green, Spanish Orange und True Blue die Haare eintönen. Dabei müssen gezackte Lichtreflexe auf dem Oberkopf und auf dem Pferdeschwanz weiß bleiben. Auf der Oberseite der Kaugummiblase einen schmalen Streifen in Apple Green einfügen und die Haarsträhnen am Gesicht mit etwas Pink übermalen. Koloriere Haarschleife und Jeansshorts mit True Blue, die Bluse mit Spanish Orange.

8 Wenn dir das typische Aussehen einer Farbstiftzeichnung gefällt, kannst du nun aufhören. Andernfalls werden die Farben miteinander verblendet. Übermale sie dafür mit dem weißen Farbstift. Zuerst mit kräftigem Druck schraffieren (siehe Seite 40), dann mit schwächerem Druck alles mit kleinen Kreisen bedecken. Falls du dabei die Fineliner-Konturen übermalst, musst du sie zum Schluss noch einmal nachziehen. Deute mit dem Farbstift in Parma Violet die Schatten auf der Unterseite und am Ansatz des Pferdeschwanzes an überarbeite die Stellen danach bei Bedarf wieder mit dem weißen Stift.

Versuche es selbst!

Stefan
September

Stefan hat geholfen, all die heruntergefallenen Blätter zusammenzuharken. Und dann springt er mit einem großen Satz in den Laubhaufen – Huii!

material

- Bleistift
- Radiergummi
- schwarzer Fineliner, z.B. Sakura Pigma Micron 0,1mm
- Copic Marker: Skin White (E00), Pink (RV11), Hazelnut (E23)
- Touchnew Marker: 16, WG3, 35
- Crayola Signature Blending Marker: Wisteria, Slate
- weißer Gelstift, z.B. Uni-ball Signo

1 Zeichne mit dem Bleistift ein großes Oval für den Kopf und ein Trapez für den Körper. Stefan schaut geradeaus.

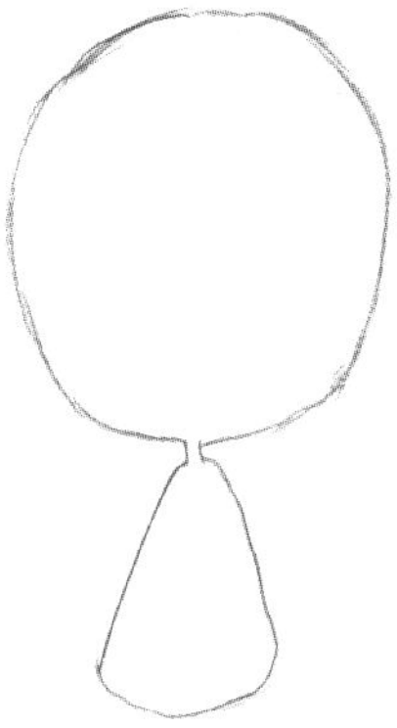

2 Stefans Arme sind nach oben ausgestreckt. Füge Hilfslinien für Gesicht, Hals und Ohren ein. Skizziere den Umriss des großen Laubhaufens, der den unteren Teil des Körpers verdeckt und deute einige Blätter an, die durch die Luft fliegen.

3 An Stefans begeisterten Gesichtsausdruck ist zu erkennen, wie viel Spaß er hat. Zeichne einige Blätter in dem großen Laubhaufen deutlicher.

4 Jetzt sind Haare und Kleidung an der Reihe! Stefan hat dicke, glatte Haare, von denen einige am Oberkopf vorwitzig hochstehen. Er trägt eine Strickjacke und darunter ein T-Shirt.

5 Die Skizze sieht noch unsauber aus, radiere deshalb jetzt die Hilfslinien weg. Zeichne danach Einzelheiten wie Falten und Nähte der Kleidung und Haarsträhnen ein.

6 Ziehe die Bleistiftstriche mit dem Fineliner nach. Variiere dabei die Strichstärke, damit die Zeichnung plastischer wirkt. Drücke beim Zeichnen der Haare an den Haarspitzen kräftiger auf. Ist der Fineliner getrocknet, kannst du sichtbare Bleistiftstriche wegradieren.

7 Nun folgen die Grundfarben. Mit dem Copic Marker in Skin White die Haut kolorieren, dabei von oben nach unten arbeiten. Konzentriere dich besonders auf Stirn, Ohren, Wangen, das Innere des Munds, Hals und Hände. Verwende den Touchnew Marker in Farbe 16 für die Haare und für die Jacke die Farbe WG3. Die Blätter mit Farbe 35 kolorieren, dabei einige nochmals übermalen, damit sie dunkler werden.

8 Anschließend wird schattiert. Füge mit dem Crayola-Marker in Wisteria Schatten auf den Haaren ein, vor allem auf dem Pony und zwischen den Haarsträhnen. Mit dem Copic Marker in Pink deutest du Schatten auf der Haut an: um den Haaransatz, auf den Wangen, in den Ohren und dem Mund, am Hals und auf den Händen. Den Crayola Marker in Slate für die Schatten auf der Jacke verwenden. Arbeite die Schatten auf den Blättern mit dem Copic Marker in Hazelnut aus. Dabei ist es am einfachsten, wenn du dich jeweils nur auf einen Bereich des Laubhaufens konzentrierst. Natürlich müssen die Schatten den Formen der Blätter folgen. Zuletzt mit dem weißen Gelstift die Lichtreflexe im Haar einfügen.

Versuche es selbst!

Oliver
Oktober

Oliver hat sich zu Halloween als Vampir verkleidet. Bestimmt bekommt er viele Süßigkeiten, ohne dass er jemandem Streiche spielen muss.

Material

- Bleistift
- Radiergummi
- schwarzer Fineliner, z.B. Sakura Pigma Micron 0,1mm
- Touchnew Marker: 29, WG9, 13, 23, 35
- Crayola Signature Blending Marker: Slate, Violet, Wisteria
- Copic Marker: Toner Gray No. 1 (T1), Light Suntan (E13)
- weißer Gelstift, z.B. Uni-ball Signo

1 Zeichne mit dem Bleistift ein großes Oval für den Kopf und ein Trapez für den Körper. Oliver schaut nach vorn, sein Kopf ist leicht zur linken Seite geneigt.

2 Olivers Arme sind nach oben abgewinkelt und halten eine Kürbislaterne. Die Beine sind fast gerade, die Knie sind ganz leicht nach innen gedreht. Zeichne Hilfslinien für Gesicht, Hals und Ohren ein.

3 Nun ist das Gesicht dran. Oliver schaut etwas unsicher. Es ist schon dunkel und er ist ganz allein unterwegs. Zeichne die Laterne und die Fledermäuse ein.

4 Weiter geht es mit Kleidung und Haaren. Oliver hat volles, glattes Haar, das nach hinten gekämmt ist. Er trägt ein Dracula-Kostüm. Deute auf dem Boden einige Bonbons an.

5 Die Skizze sieht noch unsauber aus, radiere deshalb jetzt die Hilfslinien weg. Danach Einzelheiten wie Falten und Nähte der Kleidung und Haarsträhnen einzeichnen.

6 Ziehe die Bleistiftstriche mit dem Fineliner nach. Variiere dabei die Strichstärke, damit die Zeichnung plastischer wirkt. Drücke beim Zeichnen der Haare an den Haarspitzen kräftiger auf. Ist der Fineliner getrocknet, kannst du sichtbare Bleistiftstriche wegradieren.

7 Nun folgen die Grundfarben. Sie sollen gut decken und einen gleichmäßigen Farbeindruck ergeben. Koloriere mit dem Touchnew Marker in Farbe 29 die Haut, aber lasse die Augen weiß. Für den Umhang, die Fliege und die Hose verwendest du die Farbe WG9. Die Innenseite des Umhangs und die Schuhe mit Farbe 13 ausmalen, die Kürbislaterne mit Farbe 23. Nimm für die Fledermäuse den Crayola Marker in Slate und für die Weste den Marker in Violet. Die Farben für die Bonbons auf dem Boden kannst du beliebig wählen.

8 Anschließend wird schattiert. Setze für die Schatten auf den Haaren den Copic Marker Toner Gray No. 1 ein und führe die Striche vom Haaransatz nach oben. Übermale diesen Farbauftrag teilweise mit dem Touchnew Marker in Farbe 29. Verwende dieselbe Farbe für die Schatten auf dem Hemd. Die Schatten an Haaransatz, Hals und im Inneren der Ohren mit dem Copic Marker in Light Suntan kolorieren. Die Laterne leicht mit dem Touchnew 35 schattieren – vor allem auf der linken Seite, damit sie rund wirkt. Für die Schatten auf der Innenseite des Umhangs verwendest du Crayola Wisteria, lässt aber einen kleinen Bereich unschattiert. Zuletzt zeichnest du mit dem weißen Gelstift den Umriss der Fliege nach, deutest die Nähte auf der Hose an und setzt Lichtreflexe in die Augen.

Versuche es selbst!

ember november

Langsam wird es draußen kälter, da muss man sich warm anziehen. Ember hat es sich mit einer Wolldecke und einer Tasse Tee gemütlich gemacht.

material

- Bleistift
- Radiergummi
- schwarzer Fineliner, z.B. Sakura Pigma Micron 0,1mm
- Copic Marker: Skin White (E00), Barley Beige (E11), Pink (RV11), Mint Green (BG13), Toner Gray No. 1 (T1), Powder Blue (B41), Light Suntan (E13), Pale Lilac (V12)

1 Zeichne mit dem Bleistift ein großes Oval für den Kopf und ein leicht gekrümmtes Trapez für den Körper. Du siehst Ember schräg von vorne.

2 Embers Arme sind gebeugt und halten die Teetasse. Da Ember kniet, sind auch die Beine angewinkelt. Zeichne Hilfslinien für Gesicht, Hals und Ohr ein.

3 Jetzt ist das Gesicht dran. Ember hat einen zufriedenen Gesichtsausdruck, weil ihr schön warm und kuschelig ist. Zeichne Details des Bechers ein, auch den Dampf und das Fähnchen vom Teebeutel. Den Umriss der Wolldecke andeuten.

4 Jetzt sind Haare und Kleidung an der Reihe! Ember hat glatte Haare mit einem vollen Pony und auf dem Hinterkopf einen Knoten mit einer Schleife. Sie trägt einen gemütlichen Schlafanzug mit einem langärmeligen Shirt und einer kurzen Hose.

5 Die Skizze sieht noch unsauber aus, radiere deshalb jetzt die Hilfslinien weg. Verlängere die Dampffahnen, zeichne Falten und Nähte der Kleidung ein und deute einzelne Haarsträhnen an.

6 Ziehe die Bleistiftstriche mit dem Fineliner nach. Variiere dabei die Strichstärke, damit die Zeichnung plastischer wirkt. Drücke beim Zeichnen der Haare an den Haarspitzen kräftiger auf. Ist der Fineliner getrocknet, kannst du sichtbare Bleistiftstriche wegradieren.

7 Nun folgen die Grundfarben. Koloriere mit dem Marker in Skin White die Haut, lasse dabei aber die Mitte des Gesichts frei. Für die Haare verwendest du Barley Beige, für Wolldecke, Haarschleife und Herz die Farbe Pink und Mint Green für die kurze Hose. Setze Toner Gray No. 1 für die Teetasse und Powder Blue für die Streifen auf dem Shirt ein.

8 Nun kann schattiert werden. Nimm für die Haare Light Suntan und beginne, am oberen Rand des Schattens zuerst eine gezackte Kontur zu zeichnen. Führe von dieser Linie aus die Striche immer abwärts, um nicht über sie hinauszumalen. Trage an den Rändern des Schattens etwas Pale Lilac auf. Füge mit Pink Schatten auf den Wangen, am Haaransatz und auf den Unterseiten der Beine ein. Die Schatten auf der kurzen Hose entstehen mit Pale Lilac. Sie müssen die Schatten auf den Beinen fortsetzen. Verwende Pale Lilac auch zum Schattieren von Haarschleife, Teetasse und Wolldecke. Wo die Decke Falten nach innen wirft, drückst du etwas kräftiger auf. Deute mit Powder Blue einen blauen Schimmer auf der Innenseite der Decke und auf der Oberseite im Bereich der Schulter an. Den Becher schattierst du ebenso. Zuletzt zeichnest du mit Toner Gray No. 1 den Schatten der Wolldecke auf dem Shirt.

Versuche es selbst!

Desiree Dezember

Es ist Winter und endlich hat es geschneit. Desiree freut sich so sehr, dass sie alle Schneemänner umarmt – sogar solche, die grimmig dreinschauen.

material

- Bleistift
- Radiergummi
- schwarzer Fineliner, z.B. Sakura Pigma Micron 0,1mm
- Farbstifte, z.B. Prismacolor: Pink (929), Mulberry (995), Parma Violet (1008), Peach (939), Poppy Red (922), Spanish Orange (1003), Orange (918), Goldenrod (1034), Apple Green (912), Light Cerulean Blue (904), White (938), True Blue (903)

1 Zeichne mit dem Bleistift ein großes Oval für den Kopf und ein Trapez für den Körper. Du siehst Desirees linke Körperhälfte im Profil.

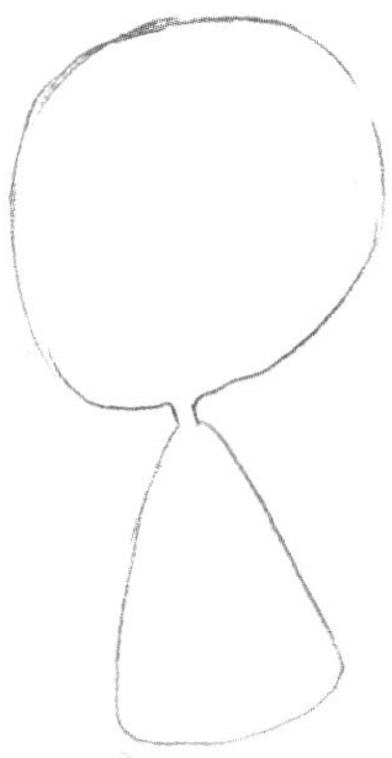

2 Desirees Arme sind nach vorn ausgestreckt, das rechte Bein ist nach hinten abgewinkelt. Zeichne Hilfslinien für Gesicht, Hals und Ohr ein.

3 Das Gesicht skizzieren. Desiree sieht glücklich aus, weil es ihr Freude macht, den Schneemann zu umarmen. Zeichne den Schneemann links von ihr. Sein Kopf liegt zum Teil zwischen ihren Armen. Deute das grimmige Gesicht des Schneemanns an, die Arme aus Zweigen und die Möhre, die in seinem Kopf steckt.

4 Jetzt sind Haare und Kleidung an der Reihe! Desiree hat einen vollen Pony, lange Strähnen an der Seite und Haarknoten auf beiden Seiten des Hinterkopfs. Sie trägt ein Kleid und eine Strumpfhose, einen Mantel, einen Schal und flache Schuhe.

5 Die Skizze sieht noch unsauber aus, radiere deshalb jetzt die Hilfslinien weg. Füge ein Herzchen zwischen Desiree und dem Schneemann ein, dann die Nähte und Falten der Kleidung und einzelne Haarsträhnen zeichnen.

6 Ziehe die Bleistiftstriche mit dem Fineliner nach. Variiere dabei die Strichstärke, damit die Zeichnung plastischer wirkt. Drücke beim Zeichnen der Haare an den Haarspitzen kräftiger auf. Ist der Fineliner getrocknet, kannst du sichtbare Bleistiftstriche wegradieren.

7 Nun folgen die Grundfarben. Bei dieser Zeichnung sollen die Farben gut decken, darum müssen die Grundfarben so gleichmäßig wie möglich aufgetragen werden. Die Strumpfhose mit dem schwarzen Fineliner ausmalen. Die Haare mit Pink kolorieren, Mulberry für die Spitzen der herabhängenden Strähnen und den unteren Bereich des linken Haarknotens verwenden. Betone einzelne Strähnen mit Parma Violet und verwende Peach für die Haare am Oberkopf und die Spitzen des Ponys. Koloriere ebenfalls mit Peach die Haut, drücke unter dem Pony etwas kräftiger auf. Den Schal, die Schuhe, die Knöpfe des Schneemanns und das Herz mit Poppy Red ausmalen, die Unterseite des Schals aber mit Parma Violet. Für den Mantel verwendest du eine gleichmäßige Mischung aus Spanish Orange, Orange und Goldenrod. Für den rechten Ärmel und die Zweig-Arme des Schneemanns etwas mehr Goldenrod einsetzen. Die Möhre kolorierst du mit einer gleichmäßigen Mischung aus Spanish Orange und Orange, den Blattschopf mit Apple Green.

Male das Kleid und seinen Reflex auf dem Bauch des Schneemanns mit Light Cerulean Blue, Parma Violet, Pink und Goldenrod.

8 Im letzten Schritt werden die Farben miteinander verblendet. Wenn dir das typische Aussehen einer Farbstiftzeichnung gefällt, kannst du diesen Schritt auslassen. Ansonsten übermale alle Farben mit dem weißen Stift, indem du mit kräftigem Druck schraffierst (siehe Seite 40). Überziehe dann mit leichterem Druck alles mit kleinen Kreisen. Hast du die Grundfarben kräftig genug aufgetragen, sollten keine Striche mehr zu sehen sein. Arbeite die Bereiche, in denen das doch der Fall ein sollte, mit der jeweiligen Grundfarbe nach. Fineliner-Konturen, die übermalt wurden, müssen eventuell nachgezeichnet werden. Die warmen Farbtöne (Rosa) mit True Blue leicht schattieren und alle Bereiche, die zu hell geworden sind, mit Parma Violet abdunkeln.

Versuche es selbst!

Chibi-Tiere

Die Chibis in diesem Kapitel sind anthropomorph. Das bedeutet, dass sie zwar keine Menschen sind, aber einige menschliche Merkmale haben. Es macht viel Spaß, solche Mischwesen mit einem menschlichen Körper, aber Tierohren, Schwänzen, Insektenflügeln oder Fühlern zu zeichnen. Hier kannst du lernen, wie es geht!

3

Kit

Katzen sind cool, oder? Eigentlich sind es kleine Tiger. Sie schleichen leise durch die Wohnung, beobachten dich, veranstalten Unsinn oder sind ganz schmusig … je nach Tier und Laune.

material

- Bleistift
- Radiergummi
- schwarzer Fineliner, z.B. Sakura Pigma Micron 0,1mm
- Copic Marker: Barley Beige (E11), Toner Gray No. 1 (T1)
- BIC Marking Marker: Summer Melon, Cloud Nine, Sunset Orange, Oceanview Blue, Peach Parfait
- Crayola Signature Blending Marker: Slate, Bubblegum
- weißer Gelstift, z.B. Uni-ball Signo

1 Zeichne mit dem Bleistift ein großes Oval für den Kopf und ein leicht gekrümmtes Trapez für den Körper. Kit hat den Kopf leicht nach rechts geneigt.

2 Kit steckt seine Hände (oder Pfoten?) lässig in die Jackentaschen. Die Beine stehen schräg, weil er sich anlehnt. Zeichne Hilfslinien für Gesicht und Hals ein.

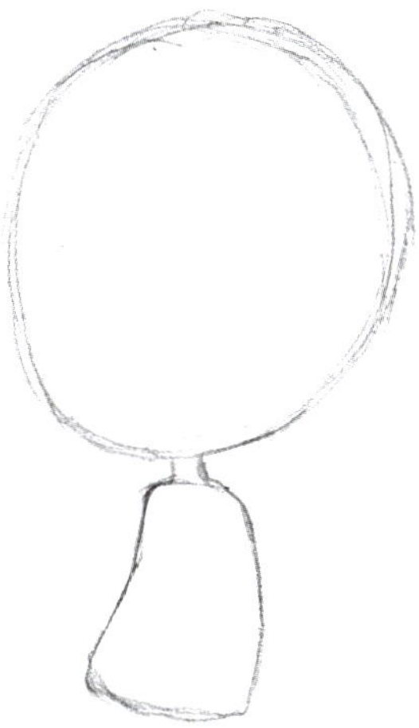

3 Zeichne die Katzenohren und den Schwanz. Denke daran, dass der Schwanz eine Verlängerung der Wirbelsäule ist. Kit hat ein verschmitztes Lächeln im Gesicht.

4 Kit hat dickes, glattes Haar. Er trägt eine praktische Jacke mit einem aufgenähten Fisch auf dem Ärmel, dazu T-Shirt, Jeans und Turnschuhe.

5 Die Skizze sieht noch unsauber aus, radiere deshalb jetzt die Hilfslinien weg. Dann die Fellbüschel in den Ohren, die Falten und Nähte der Kleidung und einzelne Haarsträhnen einzeichnen.

6 Ziehe die Bleistiftstriche mit dem Fineliner nach. Variiere dabei die Strichstärke, damit die Zeichnung plastischer wirkt. Drücke beim Zeichnen der Haare an den Haarspitzen kräftiger auf. Ist der Fineliner getrocknet, kannst du sichtbare Bleistiftstriche wegradieren.

7 Nun folgen die Grundfarben. Verwende den Copic Marker in Barley Beige für Gesicht und Hals, spare dabei aber das Weiße der Augen aus. Für die Iris der Augen und den Fisch auf dem Jackenärmel setzst du den Bic Marker in Summer Melon ein. Koloriere Haare, Schwanz und Schuhe mit dem Bic Marker in Cloud Nine, die Jacke mit Sunset Orange, die Jeans mit Oceanview Blue und das Innere der Ohren mit Peach Parfait. Die Fellbüscheln in den Ohren bleiben weiß.

8 Im letzten Schritt wird schattiert. Mit dem Crayola Marker in Slate Haare und Schwanz schattieren, dabei die Striche immer von unten nach oben führen, damit die Schatten unten kräftiger und oben blasser werden. Verwende für die Innenseiten der Ohren und die Schatten unter den Haaren und über den Augenlidern den Crayola Marker in Bubblegum. Mit derselben Farbe deutest du die roten Wangen an. Schattiere mit dem Copic Marker in Toner Gray No. 1 die weißen Bereiche der Ohren und der Jackenärmel zart. Zuletzt fügst du mit dem weißen Gelstift Lichtreflexe auf den Haaren und der Jeans ein.

VERSUCHE ES SELBST!

goldie

Hunde sind treue Gefährten, und sogar wenn sie Unsinn anstellen, haben wir sie gern. Sie könnten sich allerdings abgewöhnen, den Garten umzuwühlen, wenn sie nach Knochen suchen …

material

- Bleistift
- Radiergummi
- schwarzer Fineliner, z.B. Sakura Pigma Micron 0,1mm
- Farbstifte, z.B. Prismacolor: Spanish Orange (1003), Sienna Brown (945), Peach (939), Apple Green (912), True Blue (903), Pink (929), Parma Violet (1008), White (938)

1 Zeichne mit dem Bleistift ein großes Oval für den Kopf und ein leicht gekrümmtes Trapez für den Körper. Du siehst Goldies Körper von der Seite, der Kopf ist nach rechts gedreht.

2 Goldies Arme sind abgewinkelt und zum Kinn erhoben, die Beine sind gebeugt, weil sie kniet. Zeichne Hilfslinien für Gesicht und Hals ein. Skizzieren neben Goldie eine runde Form. Daraus wird später ein Vogel.

3 Goldie ist ein Golden Retriever, darum hat sie Schlappohren und einen buschigen Schwanz. Zeichne die Umrisse der Ohren so, dass ihre hängende Form gut zu erkennen ist. Denke beim Zeichnen des Schwanzes daran, dass er eine Verlängerung der Wirbelsäule ist. Goldie reißt die Augen weit auf, weil sie über den kleinen Vogel staunt. Deute seine Federn und sein Gesicht an.

4 Weiter geht es mit den Haaren und der Kleidung. Goldie hat volles, glattes Haar mit einem Pony und einer Haarschleife. Durch die kürzeren Haare erscheint der Kopf größer, so wirkt sie mehr wie ein Welpe. Sie trägt ein ärmelloses Polohemd und einen Minirock mit Falten.

5 Die Skizze sieht noch unsauber aus, radiere deshalb jetzt die Hilfslinien weg. Deute danach einige Schweißtropfen an, um das erschreckte Staunen zu verdeutlichen. Weitere Einzelheiten einzeichnen, zum Beispiel Falten und Nähte der Kleidung und einige Haarsträhnen.

6 Ziehe die Bleistiftstriche mit dem Fineliner nach. Variiere dabei die Strichstärke, damit die Zeichnung plastischer wirkt. Drücke beim Zeichnen der Haare an den Haarspitzen kräftiger auf. Ist der Fineliner getrocknet, kannst du sichtbare Bleistiftstriche wegradieren.

7 Nun folgen die Grundfarben. Koloriere mit den Farbstiften in Spanish Orange und Sienna Brown die Haare und den Schwanz. Trage dabei die Farben mehrmals auf und verwende zuletzt den Stift in Sienna Brown, um Verläufe und Schattierungen zu gestalten. Den kleinen Vogel malst du mit denselben Farben aus. Verwende für die Haut einen Stift in Peach, aber spare das Weiße der Augen und die Mitte des Gesichts aus. Koloriere die Iris der Augen mit Apple Green und übermale sie leicht mit True Blue. Die Schweißtropfen ebenfalls mit True Blue ausmalen. Nimm für Haarschleife und Rock die Farbe Pink, für den Rock und das Shirt Parma Violet.

8 Nun werden die Farben miteinander verblendet. Wenn dir das typische Aussehen einer Farbstiftzeichnung gefällt, kannst du diesen Schritt auslassen. Übermale zuerst alle Farben mit dem weißen Stift, indem du eine Schraffur mit schrägen, parallelen Strichen darüberlegst. Drücke dabei fest auf (siehe Seite 40). Male danach mit geringem Druck kleine Kreise. Möglicherweise musst du anschließend einige der Fineliner-Konturen noch einmal nachzeichnen. Mit Parma Violett Schatten, die zu hell geworden sind, und die dunkleren Bereiche der Haare nochmals abdunkeln.

VERSUCHE ES SELBST!

Cotton

Cotton ist ein Fuchsmädchen. Aber warum ist sie rosa? Ganz einfach: weil in der Welt der Chibis alles möglich ist.

Material

- Bleistift
- Radiergummi
- schwarzer Fineliner Sakura Pigma Micron 0,1mm
- Copic Marker: Pink (RV11), Powder Blue (B41), Soft Sun (E21), Pale Lilac (V12), Toner Gray No. 1 (T1)
- Crayola Signature Blending Marker: Wisteria
- BIC Marking Marker: Oceanview Blue
- weißer Gelstift, z.B. Uni-ball Signo

1 Zeichne mit dem Bleistift ein großes Oval für den Kopf und ein leicht gekrümmtes Trapez für den Körper. Cotton schaut nach links – von dir aus gesehen, nach rechts.

2 Cotton lehnt sich zurück und stützt sich auf die gestreckten Arme. Die Knie sind gebeugt. Lasse Platz für den Schwanz frei. Zeichne dann Hilfslinien für Gesicht und Hals ein.

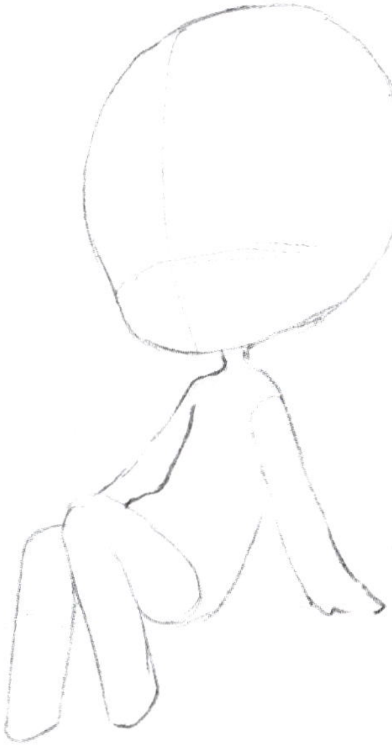

3 Nun sind die Ohren dran. Fuchsohren sehen ähnlich aus wie Katzenohren, sind aber länger und breiter. Vergiss nicht die kleinen Fellbüschel in den Ohren, und denke daran, dass der Schwanz eine Verlängerung der Wirbelsäule ist. Das Gesicht so zeichnen, dass Cotton dich direkt anschaut.

4 Weiter geht es mit Haaren und Kleidung. Cotton hat einen dichten Pony mit längeren Strähnen an den Seiten und langen Rattenschwänzen, die schwungvoll und wellig fallen. Sie trägt ein weites T-Shirt, eine kurze Latzhose mit einer Tasche auf der Brust und flache Schuhe.

5 Die Skizze sieht noch unsauber aus, radiere deshalb jetzt die Hilfslinien weg. Arbeite den Schwanz etwas feiner aus, damit er nicht aussieht wie ein Pinsel. Danach weitere Einzelheiten einzeichnen, zum Beispiel die Nähte und Falten der Kleidung und einzelne Haarsträhnen.

6 Ziehe die Bleistiftstriche mit dem Fineliner nach. Variiere dabei die Strichstärke, damit die Zeichnung plastischer wirkt. Drücke beim Zeichnen der Haare an den Haarspitzen kräftiger auf. Ist der Fineliner getrocknet, kannst du sichtbare Bleistiftstriche wegradieren.

7 Nun wird koloriert. Mit dem Copic Marker in Pink malst du die Haare, den Schwanz und die Tasche auf der Latzhose aus. Verwende den Copic Marker in Powder Blue für die Latzhose und den Crayola Marker in Wisteria für Augen und Schuhe. Mit dem Copic Marker in Soft Sun kolorierst du die Haut und das Innere der Ohren. Die Fellbüschel in den Ohren, das T-Shirt und die Strümpfe bleiben weiß.

8 Nun wird schattiert. Nimm für die Schatten auf Gesicht, Hals sowie Armen und Beinen den Copic Marker in Pink. Vergiss nicht die Innenseiten der Ohren und die roten Wangen. Die Haare schattierst du mit dem Copic Marker in Pale Lilac und dem Crayola Marker in Wisteria. Die Striche müssen in Wuchsrichtung der Haare verlaufen. Die dunkelsten Schatten zusätzlich mit dem Copic Marker in Powder Blue abdunkeln. Male mit dem Bic Marker in Oceanview Blue die Schatten in den Augen, auf der Latzhose und den Schuhen. Für die Streifen auf dem T-Shirt verwendest du den Copic Marker in Pale Lilac. Schattiere danach alle weißen Flächen mit dem Copic Marker in Toner Gray No. 1. Zeichne zuletzt mit dem weißen Gelstift einige Lichtreflexe auf den Haaren und in den Augen ein.

Versuche es selbst!

Devin

Fledermäuse sind nachtaktiv, darum sind sie selten tagsüber anzutreffen. Solltest du doch am helllichten Tag einer Fledermaus begegnen, lasse sie am besten in Ruhe!

Material

- Bleistift
- Radiergummi
- schwarzer Fineliner, z.B. Sakura Pigma Micron 0,1mm
- Copic Marker: Skin White (E00), Pink (RV11), Toner Gray No. 1 (T1)
- BIC Marking Marker: Sunset Orange, Misty Blue, Polynesian Purple
- Touchnew Marker: BG3
- Crayola Signature Blending Marker: Slate, Wisteria
- weißer Gelstift, z.B. Uni-ball Signo

1 Zeichne mit dem Bleistift ein großes Oval für den Kopf und ein leicht gekrümmtes Trapez für den Körper. Devin hat seinen Kopf leicht nach rechts gewandt.

2 Devin lehnt sich nach hinten und stützt sich auf die ausgestreckten Arme. Sein linkes Bein ist gebeugt, die rechte Fußspitze zeigt nach oben. Durch diese Haltung wirkt er aktiv. Deute den Hals an.

3 Zeichne die Hilfslinien für das Gesicht ein. Devins Ohren sind lang und spitz – solche Ohren haben Fledermäuse … und Vampire. Devins Gesichtsausdruck ist überrascht, etwas verwirrt, weil er nicht damit gerechnet hat, dir zu begegnen. Füge an seinen Schultern gekrümmte Bögen an, die in drei abwärts verlaufende Striche übergehen. Daraus werden die Flügel entwickelt. Zuletzt den langen, dünnen Schwanz als Fortsetzung der Wirbelsäule andeuten.

4 Jetzt sind Kleidung und Haare an der Reihe. Zeichne zuerst den Seitenscheitel und die Haare, die über seine Stirn gekämmt sind. Auf der anderen Seite sind die Haare kurz und glatt. Devin trägt ein Hemd zur Jeans. Vergiss nicht, den Knick im Schlips zu zeichnen, denn er vermittelt Bewegung und lässt die Zeichnung realistischer wirken. Die unteren Enden der Striche mit Bögen zu Flügeln verbinden. Wenn du das Zeichnen der Flügel schwierig findest, stelle sie dir wie Regenschirme vor.

5 Die Skizze sieht noch unsauber aus, radiere deshalb jetzt die Hilfslinien weg. Danach kannst du Details der Kleidung zeichnen, zum Beispiel Falten und Nähte, Knöpfe und Taschen.

6 Zeichne die Bleistiftstriche mit dem Fineliner nach. Bei kleinen Details, etwa an Flügeln und Jeans, besonders sorgfältig arbeiten. Am besten ziehst du die Linien zuerst mit schwachem Druck nach und verstärkst sie dann nochmals mit stärkerem Druck. Variiere in der ganzen Zeichnung die Strichstärke, damit dein Motiv plastischer wirkt. Drücke beim Zeichnen der Haare an den Haarspitzen kräftiger auf. Ist die Tinte des Fineliners getrocknet, kannst du sichtbare Bleistiftstriche wegradieren.

7 Jetzt wird koloriert. Verwende den Copic Marker in Skin White für die Haut, aber lasse die Augen weiß. Augen, Schlips und Schuhe malst du mit dem Bic Marker in Sunset Orange aus. Nimm für die Haare, die Speichen der Flügel und den Schwanz den Touchnew Marker BG3. Setze beim Kolorieren der Haare immer am Scheitel an und führe die Striche nach außen. Setze den Crayola Marker in Slate für die Flächen der Flügel ein und den Bic in Misty Blue für die Jeans.

8 Nun sind die Schatten an der Reihe. Mit dem Copic Marker in Pink schattierst du Haaransatz, Innenseiten der Ohren, Arme und Wangen. Verwende für die Augen und den Schlips den Crayola Marker in Wisteria und für das weiße Hemd den Copic Marker in Toner Gray No. 1. Deute die Schatten auf der Rückseite der Jeans und der Unterseite der Haare mit dem Bic Marker in Polynesian Purple an. Zuletzt zeichnest du mit dem weißen Gelstift die Lichtreflexe in den Haaren und den Augen ein.

Versuche es selbst!

Dot

Marienkäfer sehen mit den Punkten auf ihren Flügeln hübsch aus. Diese kleinen Insekten sind nicht nur harmlos, sondern ausgesprochen nützlich!

Material

- Bleistift
- Radiergummi
- schwarzer Fineliner, z.B. Sakura Pigma Micron 0,1mm
- BIC Marking Marker: Sunset Orange, Summer Melon, Polynesian Purple
- Touchnew Marker: WG3
- Copic Marker: Skin White (E00), Toner Gray No. 1 (T1), Powder Blue (B41), Pink (RV11)
- weißer Gelstift, z.B. Uni-ball Signo

1 Zeichne mit dem Bleistift ein großes Oval für den Kopf und ein leicht gekrümmtes Trapez für den Körper. Du siehst Dots linke Seite im Profil.

2 Der rechte Arm ist angewinkelt und zum Mund gehoben, die Beine sind leicht nach vorn gestreckt, die Fußspitzen zeigen nach oben. Zeichne Hilfslinien für das Gesicht ein und definiere die Nase. Füge Hals und Ohr ein und deute eine Hilfslinie für die schräge Körperhaltung an.

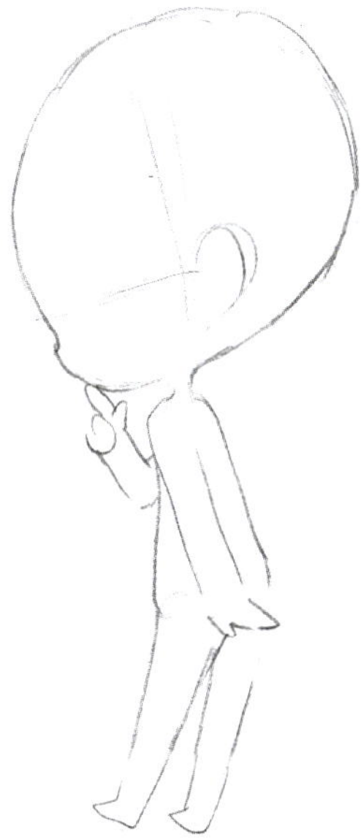

3 Nun ist das Gesicht dran. Am Gesichtsausdruck ist zu erkennen, dass Dot sich über die Hummel freut. Zeichne die Fühler und die zarten Insektenflügel ein.

4 Dot trägt einen dichten Pony mit längeren Strähnen an der Seite und einen Pferdeschwanz mit einer Schleife, die zu ihren Flügeln passt. Zeichne in die Haare einige Linien ein, die an der Schleife zusammenlaufen. Sie zeigen, wie die Haare am Kopf liegen. Dot trägt ein ärmelloses Kleid mit einer Falte im Rücken und einer Spitze am Saum zu flachen Schuhen. Vergiss die niedliche Hummel nicht!

5 Die Skizze sieht noch unsauber aus, radiere deshalb jetzt die Hilfslinien weg. Arbeite die Einzelheiten genauer aus und zeichne die Marienkäfer-Punkte auf dem Kleid ein.

6 Male Augen, Fühler und die Falte im Kleid mit dem Fineliner schwarz aus und ziehe mit demselben Stift die Bleistiftstriche nach. Variiere dabei die Strichstärke, damit die Zeichnung plastischer wirkt. Wo viele Linien zusammentreffen, musst du einzelne vielleicht zweimal nachziehen. Drücke beim Zeichnen der Haare an den Haarspitzen kräftiger auf. Ist der Fineliner getrocknet, kannst du sichtbare Bleistiftstriche wegradieren.

7 Nun folgen die Grundfarben. Male mit dem Bic Marker in Sunset Orange Haarschleife, Kleid und Schuhe aus. Für die Punkte auf dem Kleid nimmst du den Touchnew Marker WG3, für die Hummel den Bic Marker in Summer Melon. Koloriere mit dem Copic Marker in Skin White sorgfältig das Gesicht. Arbeiten dabei vom Rand nach innen und spare die Augen aus. Auf Armen und Beinen die Striche von oben nach unten führen und nur schwach aufdrücken.

8 Nach den Grundfarben kann schattiert werden. Verwende für die Schatten in allen roten und grauen Bereichen den Bic Marker in Polynesian Purple. Alle Schatten liegen ausschließlich rechts und unten. Schattiere Haare, Flügel und die Innenseite des Kleids mit Copic Markern in Toner Gray No. 1, Powder Blue und Skin White. Oben links sollen sich keine Schatten befinden, denn aus dieser Richtung kommt das Licht. Deute zuletzt Schatten am Haaransatz und auf der Rückseite von Armen und Beinen mit dem Copic Marker in Pink an.

Versuche es selbst!

galerie

Nachdem du nun weißt, wie du Chibis am besten zeichnest, kannst du eigene Figuren erfinden. Dabei sind deiner Fantasie keine Grenzen gesetzt. Wenn du auf Ideensuche bist, findest du hier in der Galerie Vorschläge für Augen, Frisuren, Kleidung, Zubehör und mehr.

4

Augen

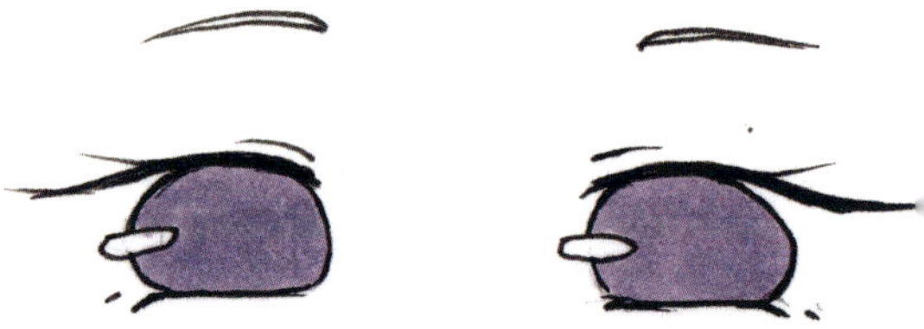

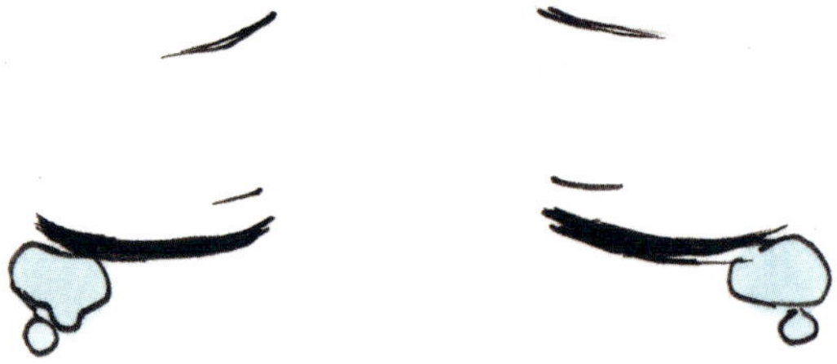

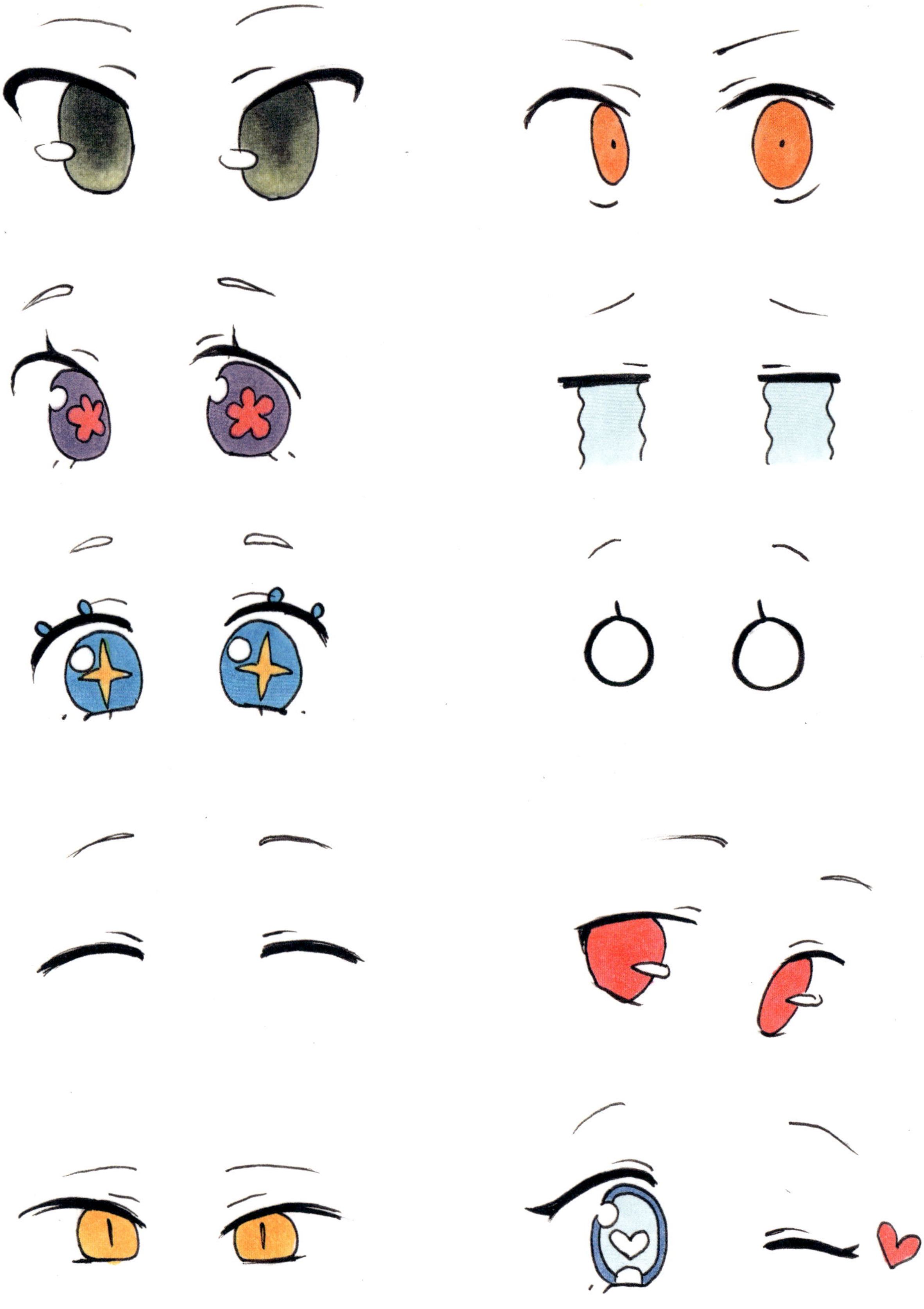

Frisuren

Kleidung

zubehör

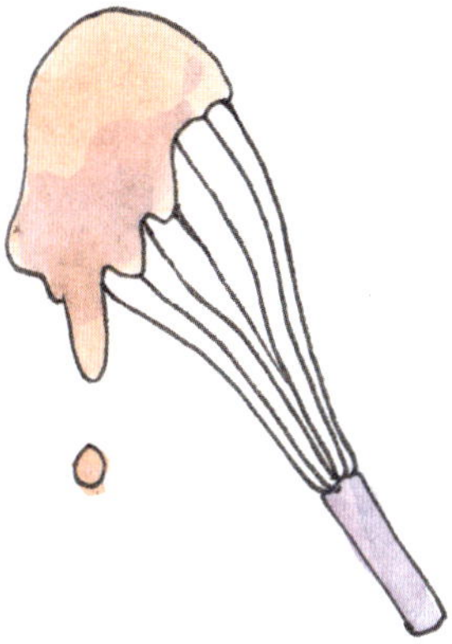

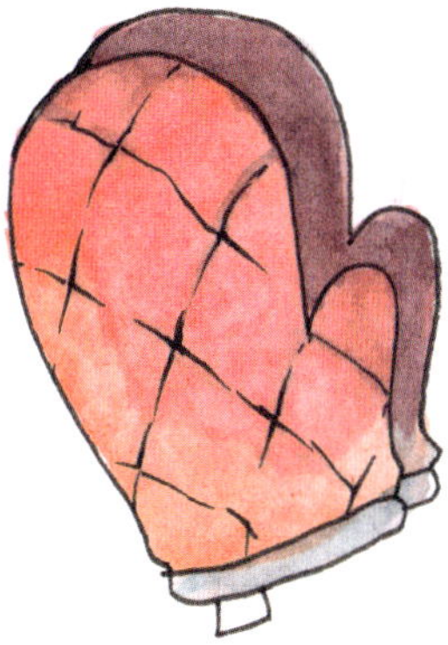

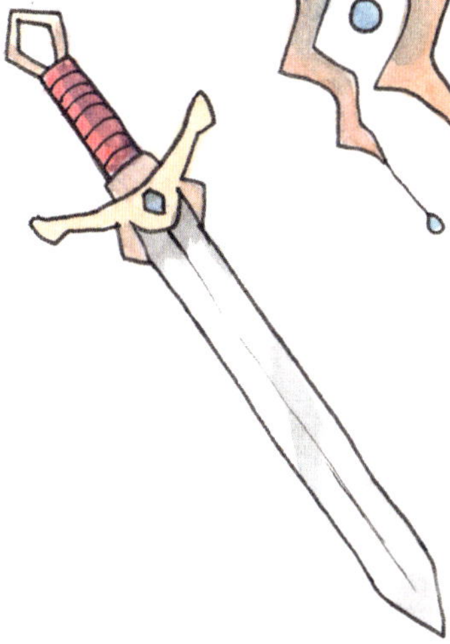

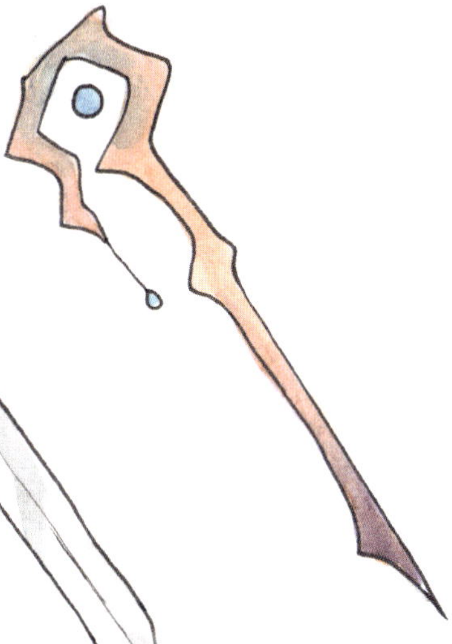

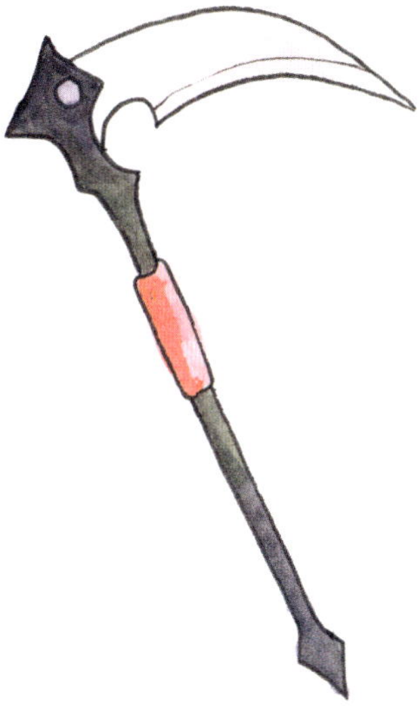

ohren und schwänze

zum üben

Auf den folgenden Seiten findest du sowohl Umrisszeichnungen verschiedener Figuren, die du nach deinen eigenen Vorstellungen ausarbeiten kannst, als auch detailliert gezeichnete Chibis, an denen du mit Farben aller Art experimentieren kannst.

5

meine Chibis

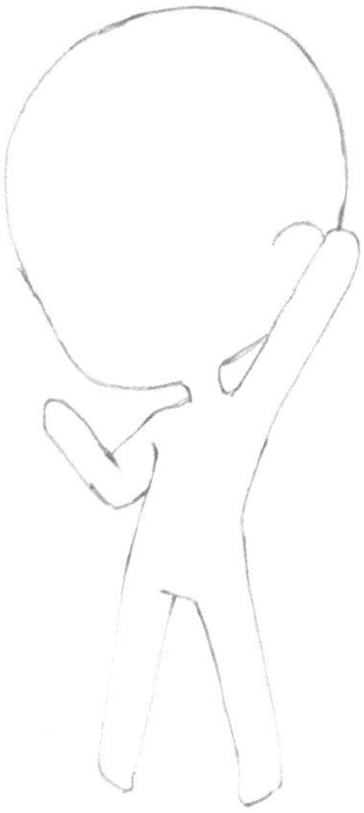

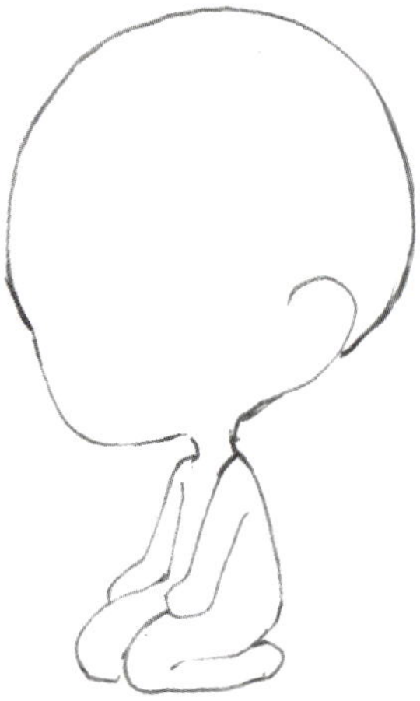
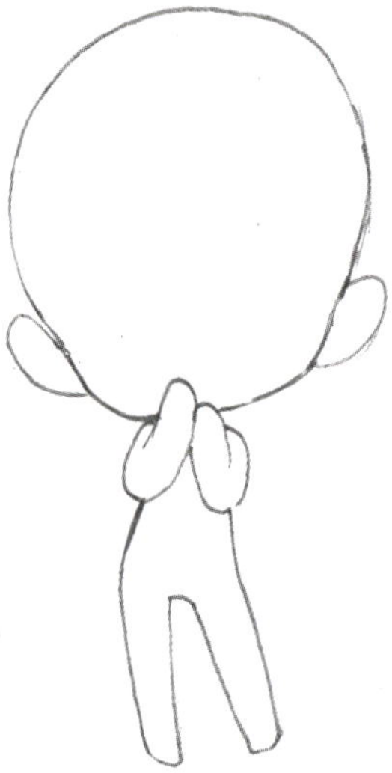
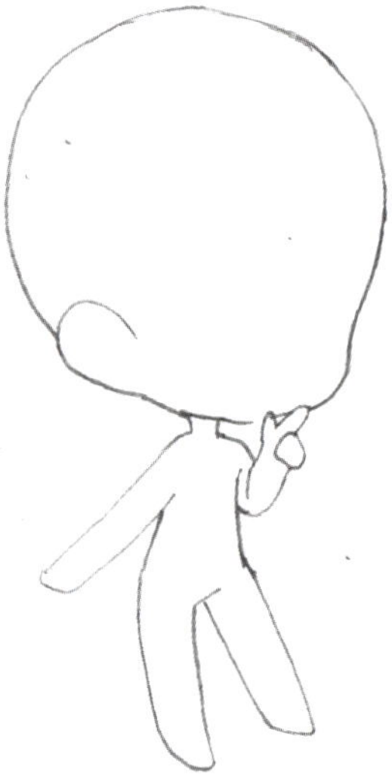

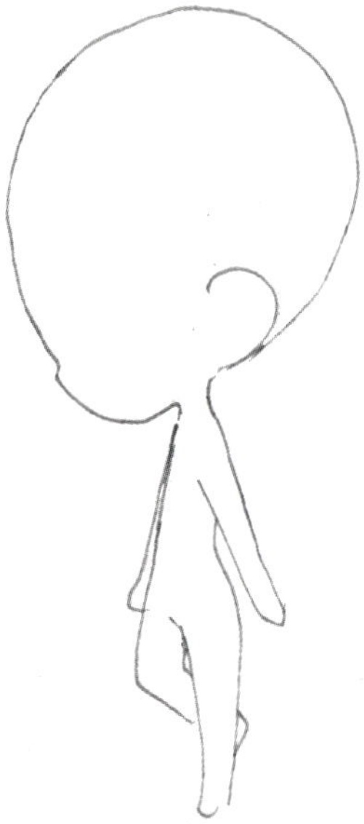

Selbst kolorieren